합격할 수밖에 없는

취업
독설특강

합격할 수밖에 없는

취업 독설특강

최원준 ― 구호석 지음

형역출판사

"내가 깨달은 게 있다면,
무지개를 보고 싶다면 비를 견뎌야 한다는 것이다."

_ 돌리 파튼 Dolly Parton

"나였어도 뽑을 것 같은 지원자가 되다"

_ **김영찬**(명지대학교, 삼성SDS 합격자)

강사님의 커리큘럼대로 수강한 후 나는 내가 인사담당자라도 나를 뽑을 것 같은 지원자가 되어 있었다. 책의 내용을 믿고 따르면 분명히 좋은 결과가 있을 것이라고 확신한다.

"원하는 기업에 가게 해준 취업특강"

_ **박현주**(강원대학교, KT그룹 합격자)

구직자의 기본자세부터 임원면접까지 강사님의 체계적인 노하우로 하루가 다르게 내 자신이 업그레이드되는 것을 느꼈다. 덕분에 자신감 있게 취업 준비를 할 수 있었고 원하는 기업에 합격했다. 강사님의 특강과 컨설팅이 구직시장에서 사경을 헤매던 내게 한줄기 빛이 되었던 것처럼 이 책이 모든 취준인에게 희망이 되길 바란다.

"취업준비에 자신감이 붙었다"

_ **김유진**(부천대학교, 농협 합격자)

전공을 살리지 않고 취업을 했습니다. 그래서 준비 과정이 너무나 막막했고 자신감도 없었습니다. 그 시기에 만나게 된 것이 강사님입니다. 이력서 준비부터 모의면접까지 너무 꼼꼼하고 타이트한 교육에 '나를 싫어하시나?'라는 생각까지 했지만 돌아보니 모든 경험이 기업에 가기 위한 소중한 자산이었습니다. 이후론 취업준비에 자신감이 붙어 LGU＋협력사, SK계열 자회사에 다녔었습니다. 그리고 지금은 농협중앙회 계열사에 재직 중입니다! 이 책의 독자들도 원하는 회사에 가게 되기를 바랍니다.

"취업 컨설턴트의 노하우가 담긴 책"

_ **조영민**(명지대학교, CJ제일제당 합격자)

취준생의 성향을 빠르게 스캔하고 늦은 시간까지 제 이야기를 만드는 데 애써주신 강사님의 기억이 생생합니다. 그분의 취업 노하우가 이 책에 모두 담겨 있다니 반갑습니다. 취준생들이 자만하지 않되 자존감을 잃지 않고 의지를 갖고 이 책의 컨설팅을 따라가다 보면, 결국에는 결실을 맺을 수밖에 없지 않을까 싶습니다.

"면접부터 최종합격까지"

_ **김영은**(대전대학교, 항공사 승무원 합격자)

강사님에게 4~5회에 걸친 1:1 모의면접 교육을 받으며 최종합격을 할 수 있었습니다. 일반면접과 임원면접에 걸친 노하우는 실제 면접에서 큰 도움이 되었습니다.

"지금도 너는 충분히 잘하고 있으니까"

_ **최준선**(부천대학교, LG전자 비서직 합격자)

전공을 바꾼 '전과'의 이력이 있어 누구보다도 취업의 부담을 가지고 있었다. 점점 자신이 없어지던 내게 '취업 컨설팅'은 자존감을 높여주고, 첫 취업부터 이직까지 성공적인 길잡이가 되어주었다. '내 안의 진짜 나', '다른 사람이 보는 나', '기업이 원하는 나' 3요소를 적절하게 매칭시켜 이미지 메이킹부터 스피치까지 완벽하게 코칭을 받았다. 험난한 취업길에 좌절하고 밤새 전전긍긍할 때도 항상 같이 머리를 맞대고 고민해주셨다. 앞으로 얼마나 더 이직을 할지는 모르겠지만, 강사님의 취업 컨설팅이 함께라면 취업준비에 대한 두려움과 무서움, 어려움은 없을 것이라는 확신이 든다. 이 책을 통해 컨설팅의 진가를 느껴보기를, 취준인들에게 적극 추천한다.

contents

PART 1 나 자신

지원자인 나, 완벽하게 파악하기

PART 2 그 기업

가고 싶은 기업 정보 120% 활용하기

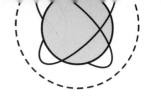

PART 3

이력서

서류통과를 부르는 **첫인상 만들기**

PART 4
자기소개서

시선을 붙잡는 무적의 자소서 쓰기

PART 5

면접

한 번에 최종까지 합격하기

당신의 첫 출근을
응원합니다

2015년 어느 여름 저녁, 강남 번화가의 한 카페에서 다음 교육 일정을 위해 계획서를 작성하고 있었다. 주위를 둘러보다 내 옆 테이블에 있는 조금 왁자지껄한 20대 중반의 여대생들 이야기가 귀에 들어왔다.

친구1 "우리 이력서 쓸 때 아르바이트한 것도 쓰는 것 맞지?"

친구2 "아니야, 그건 직무 관련된 것 아니면 쓸 필요 없는 걸로 아는데?"

친구3 "아, 그거 저번에 특강 들어보니까 쓰라고 했어."

친구4 "뭐가 맞는 거야? 그래서."

4명의 여대생들은 취업스터디를 꾸리고 이런 대화를 하며 30분 넘게 이력서의 한 항목에 신경을 쓰고 있었다. 혹시 이 책을 읽고 있는 여러분도 취업 준비하며 수많은 정보들로 혼란을 겪고 있진 않은가? 그렇다면 이제 이 책을 통해 좋은 정보를 제대로 요약해보기 바란다.

우리는 취업준비생(취준생)들과 구직자들이 혼란스러워하는 정보들을 스스로 정리할 수 있도록 이 책을 쓰게 됐다. 실제 취업 컨설팅을 진행하며 있었던 교육생들과의 대화와 그들에게 필요했던 정보들을 여기에 공개한다. 목차별로 앞의 키워드들을 보라. 책은 각 키워드를 넣은 이유와 그 과정을 총망라하고 있다. 그리고 취업 준비 과정 중 취준생들이 겪는 현실적인 문제와 문제 해결 방법을 공개했다.

당신이 취업에 대한 너무 많은 정보들을 접하기 전에 이 책을 미리 볼 수 있길 바란다. 취업 시장과 기업의 채용 방법이 계속 변화하고 있으므로 취업 준비는 공식처럼 되지 않는다. 그래서 이 책을 읽고 다음과 같이 활용하는 것을 권한다.

1. 책의 내용을 100퍼센트 공식화하지 마라.
2. 기업 정보 찾느라 시간 낭비하지 말고 정보를 분석하라.
3. 한 곳이라도 더 지원할 수 있는 자세를 가져라.
4. 개인 성향에 맞는 준비 방법은 다양하다. 일반화의 오류를 범하지 마라.

아직도 '엄카(엄마카드)'로 '스벅(카페)'에서 스터디를 하고 있는가? 그렇다면 당신은 당장 이 책을 읽어야 한다. 취업 마인드부터 다시 잡도록 하자. 책을 읽다가 충격을 받을 수도 있다. 그러나 당신은 학교생활을 무사히 마치는 동안 많은 일들을 해왔고, 지금 열심히 자신의 인생을 노력하며 살아가고 있다. 이 책의 조언으로 충분히 원하는 결과를 얻게 될 것이다. 취업이 장애물이 아니라 성장의 발판, 성공의 계단과 같다는 것을 느끼는 시간이 되길 바란다.

취업이라는 꿈길에 부단히 도전하는 당신을 응원한다. 혼자가 아님을 깨닫고 함께 그 목표를 이루어나가자.

최원준
구호석

PART 1
나 자신

지원자인 나,
완벽하게 파악하기

공채가 떴을 땐
'이것' 부터 챙겨라

드디어 공채 시즌이 시작되었다! 무엇부터 준비해야 할까? 이 질문에 대한 대답은 한마디로 "개인의 준비 정도에 따라 다르다"는 것이다.

자신의 취업 준비 정도를 솔직하게 ABCD 등급으로 체크해보자. A등급은 다양한 면접 과정을 거칠 수 있는 지원자, B등급은 서류 및 면접 준비를 해보거나 학습 이해 및 적응력이 빠른 지원자, C등급은 취업 준비는 해보지 않았지만 의지가 강하고 취업을 확실한 목표로 정한 지원자, D등급은 취업 마인드가 부족하고 의지도 없는 지원자, 정도로 볼 수 있다.

일반적인 기업의 채용 프로세스는 [서류 제출 – 서류 전형 – 면접 전형 – 채용]이다. 중요한 것은 기업마다 채용 과정이 모두 다르다는 것이다. 대기업 S사의 채용 절차를 보면 굉장히 복잡하다. 기업 내 다양한 그룹이 구분되어 있고 그룹 내 어떤 직무냐에 따라 채용 프로세스들이 달라진다. 그뿐만 아니라 3급, 4급, 경력 등으로 나눠져 있으며 지원 방법도 전부 다르다. 엔지니어 및 소프트웨어 관련 직무의 경우 회사별로 별도 면접이 실시되기도 한다.

그런데 여기서 먼저 정해야 하는 것이 있다. 어느 기업으로 갈지도 중요하지만 그보다 중요한 것은 자신의 직무 확정이다. 직무가 확정된 후에야 그에 맞는 회사가 어떤 회사이며, 어떤 사업부에서 해당 직무를 뽑고 있는지, 해당 직무의 명칭은 어떤지 등을 파악할 수 있다.

즉 본인이 희망하는 직무가 확정돼야 결정할 수 있는 것들이 구체화된다.

취업 컨설팅을 진행하면 지원자에게 가장 먼저 물어보는 질문이 "직무는 정했나요?"이다. 하지만 답변은 "아직 못 정했어요", "정하긴 했는데 잘 모르겠어요" 등이다.

대부분의 지원자들은 이 질문에 대답을 잘 못한다. 이 질문에 명확한 답을 할 수 있는 사람은 다음 취업 준비 계획도 뚜렷하기 때문에 그에 맞는 구체적이고 좋은 정보들을 제공해주면 빠른 취업 준비가 가능하다. 직무의 확립은 취업 준비 과정의 가장 크고 중요한 1차 관문이다.

결론적으로 자기소개서와 면접 준비는 직무 분석과 확립 이후다. 직무에 대한 구체적인 내용은 뒷부분에서 다시 다루도록 하겠다.

최근 채용 프로세스를 보면 기본적인 채용 과정에 여러 전형이 추가되어 있다. 예를 들어, 서류전형 이후 인적성 검사를 거치거나, 일반 면접 또는 실무자 면접 이후 임원 면접을 실시한다. 중소기업의 경우 일반적인 프로세스를 거치는 경우가 많고, 공기업의 경우 최근 NCS(국가직무능력표준) 도입으로 기초 직무 능력 검사와 직무 면접이 주를 이룬다.

이렇게 크게 나눈다고 해도 기업별로 채용 절차와 방법의 차이는 말 그대로 '케바케(기업 이미지, 비전, 필요 인재가 어떤 사람이냐 등에 따라 다름)'이니 채용 공고를 정확하게 파악해야 한다.

앞서 얘기했듯 임원 면접이 진행되어 면접이 2회인 곳도 있고, 그전에 PT 면접이나 토론 면접, 신체검사가 있는 기업도 있다. 때로는 지원자들의 인성과 역량을 더 깊이 있게 알아보고자 술자리도 함께한다. 이런 기본적이면서도 다양한 채용 방법들은 인터넷을 통해서 많이 들어봤을 것이다.

<u>컨설턴트</u> ○○기업을 왜 가고 싶죠?

<u>취 준 생</u> 음… (아무런 대답도 하지 못한다)

컨설턴트 다시 물어볼게요. ○○기업을 왜 가고 싶죠?

취 준 생 연봉이 다른 곳들에 비해 높아서요.

컨설턴트 그 회사는 왜 연봉이 높을까요?

취 준 생 그야, 구체적으로 생각해보진 않았지만 돈을 많이 버는 회사라서?

컨설턴트 물론 경쟁력 있고 돈을 잘 버는 회사이고 직원들에게 돈도 많이 주
        는 것은 사실입니다. 많은 사람들이 ○○기업에 들어가고 싶은 이유
        는 다들 비슷하긴 해요. 하지만, 본인이 그 기업에서 주는 연봉을 받
        을 자격이 된다고 생각하시나요?

취 준 생 음… 글쎄요… 다들 비슷하지 않은가요? 저도 다른 사람들 정도는
        되는데….

컨설턴트 그럼 만약에 다른 회사에서 연봉을 더 많이 준다면 그 회사로 가실
        건가요?

취 준 생 모르겠어요. 일단 지금은 받아주면 어디든지 가야 하지 않을까요?
        공채 시기이니… 또 다른 공채에도 넣어야 하고… (ᴗ)

  컨설팅을 하면서 위와 같은 대화를 많이 했다. 만약 비슷한 대
답을 하고 있다면 자신의 취업 마인드를 다시 돌아보길 바란다.

  공채 시기가 되면 입사지원을 하는 것은 당연하니 다른 사람이
넣는 기업에 너도 나도 괜히 넣어본다. 자신의 준비가 부족한 것
은 알고 있다. 모순적이지만 그럼에도 '다른 사람들 정도는 한 것
같다'라고 생각하거나 "내 친구는 나보다 부족한데 그 기업에 들

어갔어요"라고 말하며 희망 아닌 희망을 가진다. 그래서 일단 지원해본다! 에라, 모르겠다.

대한민국의 현실상, 초등학교부터 고등학교까지 의무교육 12년의 궁극적인 목표는 대학 진학이다. 중학교를 졸업하면서 개인의 꿈과 비전보다는 인문계가 무난하다는 생각으로 인문계 고등학교를 선택하는 경우가 많다. 고등학교 3학년이 되면 수능시험 또는 수시전형을 통한 대학교 입학을 준비한다. 여기서도 일단 점수에 맞춰서 대학교에 들어가는 경우가 너무나 많다.

대학에 들어와서 졸업할 때가 되면 모두 취업 준비를 시작한다. 흡사 대학입시를 준비하던 마인드로 취업을 준비하는 사람들을 많이 봤다. 물론, 필자 역시 그런 선택을 했었다는 것을 인정하지 않을 수 없다.

공채 시기가 되었으니깐 아무 생각 없이 준비를 하고, 남들이 좋다니까 대기업에 들어가고 싶다는 생각! 이 생각이 남들따라 인문계에 가고 점수따라 대학 간다는 사람의 마음과 무엇이 다를까? 대학까지는 부모님의 선택과 손에 이끌려 준비를 했다지만 성인이 된 나의 미래는 이제 다른 사람의 시선과 선호에 의한 것이 아닌 나의 선택으로 이어져야 하지 않을까?

주변의 시선을 의식하지 말자. 대기업이라고 해서 모든 꿈의 완성이 될 수 없고 행복 또한 보장할 수 없다. 반대로 작은 기업이라고 해서 본인의 꿈을 이루지 못하는 것이 아니며 오히려 행복한 인생을 펼쳐나갈 수도 있다.

꿈… 비전… 목표… 그것들이 과연 우리가 지금 준비하고 있는 기업 공채에 합격했을 때 이룰 수 있는 것일까? 시기적으로나 내적으로나 자신에게 정말 필요한 준비 과정이 맞는 것인가?

앞서 말한 ABCD 등급을 생각해보라. 아직 안 해봤다면 다시 자신의 준비 정도를 체크해보라. C등급이라도 이 책의 컨설팅을 받아들인다면 빠른 취업 준비가 완성되고 급성장을 이룰 수 있다. 그런데 가장 중요한 것은 취업 마인드이다. 만약 취업을 타인을 따라 무작정 하는 것이라면, 서류가 완성되었든 면접 능력이 뛰어나든 D등급이다.

취업 그 자체보다 당신의 인생이 더 중요하기 때문이다.

정말 가고 싶은
회사가 있다면

공채 시즌 중 정말 이상한 경우가 있다. 바로 여러 사이트를 보고 급하게 달려온 사람들이다. 마음속에 가고 싶은 희망 기업이 있었는데, 오늘 보니 공채가 끝났다고 속상해한다. 그래도 희망은 있다. 1년을 기다리는 거다. 말도 안 되는 이야기라고 생각하겠지만, 정말 가고 싶은 기업이었다면 지금부터라도 제대로 준비하라.

사실은 이렇게 준비하기도 쉽지 않고, 그 정도로 희망 기업에 대한 동기를 갖고 있는 사람은 많지 않다. 그래서 우린 '상시모집'이라는 기회를 잡아야 한다.

공채 시즌은 알다시피 3~4월, 9~10월에 집중되어 있다. 그러니 나머지 기간에 우리가 잡을 수 있는 상시모집에 대해 이야기를 해보자. 지원자들이 보지도 느끼지도 못하고 있는 것이 바로 상시모집이다.

상시모집 정보는 어디서 어떻게 얻을 수 있을까. 답은 바로 대학교에 있는 '취업센터'이다.

취업센터가 왜 상시모집의 기회를 얻을 수 있는 중요한 수단일까. 대기업과 중견기업, 중소기업 등 다양한 기업에서 공개 채용을 하고 있다. 그렇게 뽑은 사람들은 여러 사유로 회사를 떠난다. 신입사원이든 임원급이든 말이다.

그에 따른 기업 내 충원을 위해 인사과에서는 대학교 취업센터 몇 군데를 찾아가거나 통화, 메일 등으로 '추천서'를 전달해준다. 우리가 가장 쉽게 얻을 수 있는 상시모집의 기회가 바로 이 '추천서'이다. 열심히 공채 준비를 했거나 하던 중이었다면, 이 기회를 놓치지 말자.

그렇다면 이 기회를 어떻게 잡을 수 있을까? 취업센터를 통한 상시모집은 우선 대학교 내에서 평판이 좋아야 한다. 그 평판은 적극성과 성실함이다. 취업센터가 있는지도 모르는 사람이 많다. 반대로 한 달에 한 번씩이라도 학교에 있는 동안 인사차 취업센터를 찾아가는 친구들도 있다. 상시모집은 그런 몇몇 학생들에게 주는 기회이다.

취업센터에 있는 컨설턴트들은 자주 온 학생들의 인사성과 개별 학력 정보, 기타 인적 정보, 인성 등을 기억하고 있다. 필자 역시 취업센터에서 그런 학생들을 컨설팅했던 경험이 있다. 여기가 뭐하는 곳이지 싶어서 찾아온 학생도 있었고, 자주 들른 학생들도 있었다. 그 지원자들은 다양한 정보를 얻은 후 왕래가 잦아진다. 한 지원자는 일주일에 두 번씩 찾아오기도 했었다. 필자는 좋은 취업 정보와 기회가 있으면 그런 학생들한테 직접 개별 연락해서 알려주기도 했다.

성실하고 노력하는 지원자한테는 깊이 있는 컨설팅을 해줄 수밖에 없다. 이유 없이 찾아온 지원자들도 어쩌다 센터에 와 취업에 대한 다양한 정보를 얻고, 상담을 받고, 갑자기 동기와 취업에 대한 큰 용기를 얻어간다.

취업은 곧 정보와의 싸움이다. 몰랐던 정보를 취업센터에서 조금만 얻어가도 많은 자신감을 얻을 수 있다. 그러니 교내 취업센터에 꼭 한 번쯤 가보길 권한다. 1, 2학년이라면 좋은 정보와 동기를 얻을 수 있을 것이고, 3, 4학년은 대기업 인턴이나 상시모집이라는 '꿀' 같은 기회를 얻게 될지 모르니 말이다.

상시모집에 대한 가장 중요한 이야기 하나. "희망 기업 다섯 개를 정해라." 정해놓은 다섯 개 정도의 희망 기업만큼은 주기적으로 공채와 상시모집에 대한 정보를 놓치지 않도록 해야 된다.

그 기업에 대한 취업 전략도 잘 세워보라. 그럴만한 동기가 있는 회사들이니 그 과정도 재미있을 것이다.

특히, 기업의 CEO가 된 것처럼 생각하면서 준비해보라. 희망기업과 그 기업의 CEO에 대한 뉴스와 다양한 인터뷰들을 찾아보자. 그 정보들을 분석하여 CEO로서 현 문제점 및 앞으로의 미래 전략들에 대한 생각을 정리해보라. 그리고 그 외의 기업들 채용 정보는 쭉쭉 정리해가면 된다.

다시 말해, 공채는 말 그대로 '공개 채용'일 뿐이다. 기업별로 짜여 있는 채용 프로세스인 입사서류와 면접을 통해서 사람을 뽑아야 한다. 한 번에 너무 많은 사람을 뽑기 때문에 개인의 역량을 보기보다는 취업 스킬로 꾸며져 있는 사람을 뽑게 되는 경우가 많다. 이렇게 뽑힌 'Fake 인재'는 업무에서 제대로 된 성과를 내지 못하고, 인사담당자들에게 큰 실망을 안겨준다.

한 인사담당자가 이렇게 얘기했다. "객관적인 실력, 스펙은 다들 비슷해요. 게다가 복사한 듯 똑같은 내용의 이력서와 자기소개서, 면접 답변의 독창성 없는 유창함은 정말이지 누가 우리 회사에 적합한 인재인지 분간하기 힘듭니다"라고.

다들 준비를 잘해오니 'Fake 인재'를 뽑았어도 속았음을 인정하고 후회할 뿐이다. 그런데 정작 큰 피해를 입는 건 'Real 인재'들이다. 그중 하나가 '당신'이기도 하고 말이다. 그래서 기업에서 놓친 'Real인재'들을 뽑기 위해 있는 것이 상시모집이다.

우리가 기억할 것은, 공채에서 실패한다는 건 일반적인 취업 준비가 부족해서 실패한 것이지, 자신의 역량이 부족해서 떨어진 것이 아니라는 사실이다. 공채만을 목표로 하지 말고 상시채용에서 본인의 역량을 충분히 발휘할 수 있는 모습을 보여주자.

그런 본인의 노력은 자신이 일하고 싶은 곳이 아니더라도 좋아하는 일, 잘하는 일을 할 수 있는 곳으로 다가가게 해주며, 그곳에 도착했을 경우 역량을 있는 그대로 마음껏 뽐낼 수 있게 된다. 기업은 취업 스킬이 뛰어난 사람과 일하고 싶은 것이 아니다. 자기 역량을 발휘해 기업에 이익을 가져다줄 수 있는 사람을 뽑고자 한다. 그를 통해 기업을 성장시키려는 것이 채용의 근본적인 목적임을 잊지 말자.

자신의 대학에 있는 취업센터를 꼭 찾아가보라. 취업센터에서는 진로 및 취업 상담, 입사서류 및 면접 컨설팅, 취업 특강 및 캠프, 리더십 특강 및 캠프, 채용 공고 및 정리, 네트워킹, 스터디 지원 등 많은 지원을 한다. 그뿐만 아니라 직접 기업과 연계되어 있는 취업 지원 프로그램들도 많다. 최근 도입된 독일식 취업 교육인 'IPP 일학습 병행제'라는 프로그램과 정부에서 청년들을 지원하고 있는 '고용 디딤돌'이라는 지원 프로그램도 있으니 꼭 지원해보길 권한다.

IPP와 같은 '일학습 병행제'를 통해 선취업 후스펙의 느낌으로 취업과 학업을 동시에 할 수도 있다. 학습근로자로서 근로자임과 동시에 훈련생으로 일하는 것이다. 근로기준법에 따라 주 40시간 내에 일과 학습을 병행하게 된다. 학교 및 입사 기업, 제도에 따라 지원이 다르긴 하지만 다양한 교육과 금전적 지원을 받을 수 있는 좋은 기회이다.

또한, '고용 디딤돌'은 청년 취업률 개선을 위해 실무를 교육하고, 더 경쟁력 있는 인재를 육성하는 데 목적이 있다. 이 프로그램은 대기업은 물론 공기업에서도 운영하고 있다.

인터넷에서 [기업명+고용디딤돌]이라고 검색하면 구체적인 정보를 얻을 수 있다. 기업별로 프로그램의 자세한 부분은 다르지만 기본적으로 1~3개월의 교육 후 3개월 동안 인턴으로 생활하게 된다. 그러면서도 프로그램에 따라 취업지원금과 교육비, 인턴 월급도 지급된다.

이런 과정을 수료하게 되면 해당 기간 이후에도 구직 활동을 지원해준다. 대기업, 공기업, 관련 협력 업체로의 취업을 목표로 한다면 꼭 활용하길 바란다. 그전에 워크넷(worknet.go.kr)이라는 사이트에 구직등록자로 등록해야 한다. 구체적인 지원 대상이 만 15세~34세의 워크넷 구직 등록자로 고교 및 대학 졸업 예정자를 포함한 '청년구직자'이기 때문이다.

이런 지원을 받게 되면 더 좋은 인재로 발돋움할 수 있다. 하고 싶은 일과 목표를 확고히 하면 우리 모두 다양한 프로그램의 지원도 받고 취업도 할 수 있다.

좋아하는 일과
잘하는 일 중에서

"네가 진짜 좋아하는 게 뭐야?"

소위 스펙이 좋은, 학벌이 좋은 친구들도 이 질문에 답을 잘 못한다. 다음과 같은 케이스도 많다. "임용고시 준비하다 다시 공무원 시험 준비 중이에요. 솔직히 생각이 또 바뀔까 봐 불안해요. 진짜로 뭘 좋아하는지 모르겠어요." 진로 고민에 있어 자신의 결정에 확신이 없는 것이다.

그리고 좋아하는 일과 내가 할 수 있는 일 사이에서 고민하는 친구들도 있다. 강연이나 다양한 매체에서도 좋아하는 일과 잘하는 일, 둘 중 무엇을 우선으로 해야 할지 많이 논의한다. 필자도 여러 유명 인사들의 답변을 들어봤다. 좋아하는 일을 하면 잘할 수 있다.

반대로 잘하는 일을 하면 좋아할 수 있다. 또는 좋아하는 일을 해야 인생에서 행복을 찾을 수 있다. 반대로 잘하는 일을 하면 장인이 되어 좋아하는 일을 할 수 있는 때가 온다.

다 맞는 말이다. 하지만 좋아하는 일과 잘하는 일 중에 하나만 고르라는 질문에 필자의 답을 정해봤다. 취업한 친구들을 보면서도, 필자 자신을 보면서도 느끼는 진로에 대한 가치관이 있다.

"좋아하는 분야에서 잘하는 일을 하자." 이 문장은 어떤 직업에도 적용된다.

좋아하는 것이 뭔지 생각해야 하는 이유가 뭘까? 취업 준비 단계에서는 취업 분야와 직무를 위해 생각해봐야 한다. 그냥 취업이 아니라, '성공적인 취업'을 위해서 말이다. 좋아하는 일을 하면 자연스레 전문성을 갖출 수 있으며, 결국 잘하는 일과 좋아하는 일을 동시에 이룰 가능성이 크다. 즉, 행복이 따라오는 '성공적인 삶'이 가능해진다.

좋아하는 것을 생각할 때는 폭넓게 그리고 구체적으로 생각해야 한다. 1단계로 좋아하는 것을 좋아하는 '일' 또는 '행동'으로 한정하지 말자. 좋아하는 모든 것을 나열해보라. 2단계로 구체적으로 파고들어 보자.

예를 들어 컴퓨터, 혼자 있는 것, 발표하는 것, 논리적인 생각, 수평적인 관계 등 1차 나열을 해본다. 그 후에 나열한 것들을 구체적으로 생각해본다. 즉, 컴퓨터가 왜 좋은지 생각해보는 것이다. 조립하길 좋아하는지, 게임하는 게 좋은지, 프로그램들을 다루는 것이 좋은지. 프로그램을 다루길 좋아한다면 어떤 프로그램인지, 그것이 파워포인트라면 PPT 만드는 게 좋은지, 그를 통한 발표가 좋은지 등을 말이다.

파고 또 파고들면 대부분 좋아하는 것에서 좋아하는 일이 뭔지 구체화되고, 그것이 곧 원하는 직업으로 이어지게 된다. 그 일을 할 수 있는 곳이 어딘지(기업 정보), 그곳에서 내가 하고 싶은 일을 할 수 있는지(직무)를 찾는 것이 취준생이 해야 하는 일이다. 그래서 좋아하는 일이 무엇인지가 중요하다.

필자 역시 좋아하는 게 뭔지 몰랐었던 때가 있었다. 그렇다면 내가 싫어하는 건 뭘까. 나는 사람을 만나는 게 싫었다. 구체적으로 생각해보면 3명 이상의 지인들에게 나의 진짜 모습을 보여주기가 싫었다. 다른 방향으로 생각해보니 1:1로 만나는 것은 좋아했다. 그리고 3명 이상과의 쌍방 소통은 힘들고 싫었다. 그에 반해 3명 이상의 사람들에게 일방 통행 위주의 대화를 나누는 것은 편하고 자신감이 넘쳤다. 전자는 1:1로 사람을 만나는 것을 좋아하니 컨설팅을, 후자는 일방적인 대화이니 강의를 생각해볼 수 있었다.

아무리 생각해도 자신이 좋아하는 것이 뭔지 모르겠다는 사람들도 많다. 자신이 이런 사람이라면 좋아하는 것을 찾는 방법을 알려주겠다. 싫어하는 것이 뭔지 먼저 생각해보자. 그리고 왜 싫은지 구체적으로 생각해보자. 그에 반하는 무언가는 자신이 좋아하는 일이 될 가능성이 크다.

여기에서 중요한 이야기. 좋아하긴 하는데 남들보다 잘하는지 모르겠는가? 혹시 그 일이 정말 좋아서 미쳐본 적이 없고 그 어떤 것에 '덕후'가 되어본 적이 없고 '행복'을 느껴보진 않았다면, 그건 진정으로 좋아하는 일이 아니다. 또는 아쉽게도 직업적으로 변환 가능한 것이 아닐 수도 있다. 좋아하는 일이 잘하는 일이 아니거나 그 일을 잘하지 못할까 봐 걱정인 사람들은 '내가 진짜 좋아하는 일일까' 다시 생각해봐야 한다.

일반적으로 잘하는 일은 역량으로 이어진다. 그래서 자신의 역량을 얘기해보라는 질문에 대한 대화는 대부분 이렇다.

컨설턴트 네가 잘하는 건 뭐니?

취 준 생 성실하고, 도전적이고, 리더십이 있어요!

컨설턴트 성실하고 도전적이고 리더십이 있다? 대단하구나… 그럼 성실하다는 것을 나에게 증명해볼래?

취 준 생 증명이요? 어떻게 증명해야 하죠??

컨설턴트 성실했던 스토리를 이야기해 봐. 참… 오늘 약속 시간보다 5분 늦게 왔지? 성실한 사람이 약속 시간을 안 지킬까? (대부분의 컨설턴트가 가장 싫어하는 것은 지각!)

많은 취업준비생들에게 자신의 역량에 대해 물어보면 대부분 남들이 들었을 때 좋다고 느낄 역량을 이야기한다. 그렇게 해야만 자신을 잘 봐줄 것 같고, 취업이 잘될 것 같기 때문이다.

당신은 자신의 미래 직업을 어떤 이유로 선택했는가. 본인이 좋아하는 일? 본인이 잘하는 일? 남들이 봤을 때도 좋아 보이는 일? 그 일이 과연 자신의 미래에 도움이 될 것이라는 확신을 가지고 있는가? 혹시 학과와 전공이 정해졌으니 그에 따른 취업 연계를 당연하다고 생각하는 건 아닌지 다시 한 번 생각해보면 좋겠다.

부모 혹은 타인에게 좋아 보이고자, 평가 절하되기 싫어서, 회사를 정하지 말자. 물론 대기업의 명함도 갖고 좋은 사람 만나 결혼도 하고 사람들에게 인정을 받을 수도 있다. 하지만 좋아하지도 않는 일을 즐겁게 할 수 있을까? 즐겁게 하지 못하는 일을 과연 언제까지 할 수 있을까? 훗날 40대가 되어서 그런 자신에 대한 회의가 밀려올 것이란 생각은 해봤는가? 하던 일 관두고 그때 가서 본인의 꿈을 위해서 새로운 도전을 해보고 싶지만, 자녀는 어리고 학교를 다녀야 하고, 배우자는 당신에게 힘들더라도 참고 그 일을 버텨주길 바라고 있을 것이다.

남들의 시선과 물질적인 것에 신경 쓰며 살면 행복할 수 없다. 사실 필자도 그랬다. 어쩔 수 없이 들어간 대학과 전공, 남들 따라 선택한 취업과 직장생활로 오랜 세월 원치 않는 삶을 살았다. 좋아하는 분야(취업 교육)에 발을 들이고 나서야 비로소 행복과 커리어 둘 다 잡을 길이 열렸다. 그리고 앞으로 성취할 목표들이 기대되고 즐겁다. 지금 이 책을 보고 있는 당신, '기회의 때'를 기다리지 말고 지금부터 본인이 '좋아하는' 분야에서 다양한 경험을 선택하길 바란다.

'성격의 장단점' 을 적을 때
고민되는 것들

살면서 자신의 성격에 대해 가장 깊이 고민할 때가 자기소개서에 성격의 장단점을 쓸 때이다. 그런데 왜 못 쓸까? 본인의 성격에 대해 왜 답을 못할까. 첫째, 한마디로 표현하기가 어렵기 때문이고 둘째, 때때로 바뀌기 때문이다.

성격을 찾는 가장 좋은 방법은 바로 이것이다. "타인에게 물어라." 가족한테 물어보라. 엄청 솔직하게 얘기해줄 것이다. 가족이 나를 이렇게 생각한다니, 자괴감이 들고 솔직한 얘기에 화가 날 수도 있다. 그래도 수용적인 태도로 듣기만 해야 한다. 아니면 친한 친구들한테 물어보길 권한다. 집에서와 밖에서의 모습이 같으면 별 차이는 없겠지만, 대부분 집과 밖에서의 성격이 다를 것이다. PPT

과제를 같이 했던 팀원들, 봉사활동을 같이 갔던 친구들, 공모전에 함께 참여한 팀원들처럼 밖에서 했던 경험을 함께한 지인들. 그들에게 물어보라. 장단점을 정확히 꼬집어줄 수 있을 것이다.

  자기소개서나 면접을 준비할 때 성격의 장단점에 대해서 고민이 많을 것이다. 장점과 단점 둘 다 적어야 하는지, 장점만 적으면 오만해 보여서 안 좋게 보지는 않을지 걱정하는 사람도 있다. 간단히 답하자면 취업 준비를 할 때는 '내가 최고의 인재다'라는 마인드로 준비해야 한다. 그럼 결국 장점을 적게 되고 단점도 장점처럼 적게 된다.

  그런데 여기 더 큰 문제가 있다. "단점을 장점처럼 바꿔서 쓰라는데 어떻게 쓰면 되나요?" 아마 인터넷에서 많이 봤을 것이다. 소심한 성격인데 여러 일로 바뀌게 되어 지금은 활발하다. 꼼꼼하지 못했는데 다이어리를 쓰게 되면서 놓치는 것 없이 엄청 꼼꼼해졌다 등. 컨설팅을 하다 보면 모범 답안처럼 써온 글들을 많이 본다.

  이렇게 질문해보겠다. 활발해졌다는데 어떻게 보여줄 수 있는가? 꼼꼼해졌다는데 어떻게 증명해줄 수 있는가? 즉 바뀐 장점에 대한 근거로 사례가 필요하다는 것이다.

  대부분 단점을 어떻게 극복했는지 그 노력을 집중적으로 작성하는데, 노력으로 바뀌었다는 그 장점은 전혀 와닿지 않는다. 노력한 부분은 한 문장으로 줄이고, 말하고 싶은 장점을 구체적으로, 사례로 증명하길 바란다.

혹시 정말로 성격의 단점을 바꾸고 싶다는 생각을 한 적이 있는가? 성격을 바꾸는 일은 쉽지 않다. 하지만 극한의 상황이 주어지면 바뀐다. 즉, 성격을 바꾸고 싶다면 지금과 반대되는 극한의 환경을 만들어보라. 예컨대 혼자 여행을 가라. 해외여행이 아니라도 자신을 모르는 사람들이 있는 곳으로 4박 5일 정도 제한된 금액으로 여행을 다녀와라. 진정한 '나를 찾아 떠나는 경험'을 하고 오게 된다.

소심했던 필자는 2010년 2월 제주도로 20만 원을 가지고 4박 5일 동안 여행을 하기로 했다. 인천항에서 제주로 가는 크루즈를 예약하려고 했으나 고등학교 단체 300명이 타는 바람에 방이 꽉 찼다며 거절당했다. 나는 상급 관계자와 협상해 2만 원에 배를 타고, 담요와 배게 등을 지원받았다. 제주도에서 숙박비도 흥정했다. "군대 가기 전 혼자 여행해보고 싶어서 돈도 없이 왔습니다. 여기서 잠만 자고 나갔다 밤에 올 거고 이불도 안 갈아주셔도 되니 깎아주시면 안 될까요?" 사장님은 5만 원에 4박 5일을 허락해주셨다.

소심한 나는 이런 마인드로 행동했다. '아무도 나를 모르는데 뭔 상관이야.' 그리고 이 마인드는 인생의 터닝 포인트가 되었다. 나의 다양한 모습, 이전에 알지 못했던 새로운 모습을 찾아내는 데 너무나도 충분한 환경이었다. 소심함을 바꾸고 싶은 친구들은 꼭 나홀로 여행을 해보길 권한다.

이 사례를 갖고 성격의 단점을 쓰고자 한다면? 일반적인 구성인 [성격의 단점 - 단점을 바꾸기 위한 나의 노력 - 바뀐 성격의 장점 - 회사 기여도] 이런 스타일로 작성해도 좋다. 하지만 다른 구성을 소개하려고 한다. [성격의 단점, 나의 노력(한두 문장) - 바뀐 성격의 장점 - 관련 사례 - 회사 기여도] 와 같이 작성해보는 것이다. 간단하게 위 사례를 이렇게 작성할 수 있다.

"소심했다. [단점] 단점이라 생각하고 소심함에서 벗어나고자 아무도 나를 모르는 곳, 제주도로 여행을 갔으며 [바꾸기 위한 노력 한 문장] 그곳에서 협의를 통한 문제해결 능력들을 발견할 수 있었다. [바뀐 모습] 적극적인 협의를 통한 문제해결 사례가 있으며 [관련 사례를 구체적으로] 결론적으로 이러한 문제해결 능력을 기업에서 이렇게 발휘하겠다. [회사 기여도]"

이렇게 작성하면 소심함이 적극적인 협의를 통한 문제해결이라는 장점으로 바뀌었음을 인사담당자에게 증명해 보여줄 수 있다. 기존 구성은 노력한 방법과 과정에 초점을 맞췄다면 이 구성은 결론적으로 어떻게 바뀌었으며, 그 바뀐 모습은 어떠한 장점으로 발휘될 수 있었는지 증명하는 데 초점이 맞춰져 있다.

여행을 간다면 1인 여행이 개인 성장에 가장 효율적일 수 있고, 3명 이상의 모임이어도 다양한 문젯거리 즉, 사례가 생기기 때문에 취업에 필요한 사례로 적합한 경우가 많고 조직적인 모습도 보여줄 수 있어서 좋다. 하지만 친한 친구와 둘만의 여행은 마음이 잘 맞아 친구 또는 자신이 양보를 하면 문제가 쉽게 풀릴 가능성이 크다. 따라서 좋은 사례로 활용되기 힘들다.

여행을 취업 준비를 위한 사례로 만들기 위해 계획을 짜고 계산적으로 살라는 것이 아니다. 1인 또는 3인 이상의 여행 또는 모임에서 우리 내면의 다양한 취업 역량들을 발견해보자는 것이다.

또 하나. "당신은 어떤 성격을 가지고 있는가?" 컨설턴트들은 이렇게 학생들에게 질문을 한다. 그런데 과연 컨설턴트가 정말로 성격만을 알고 싶을까?

컨설턴트 어떤 성격을 가지고 있어요?

취 준 생 배려심이 많고, 사람들과 잘 소통하는 성격이라고 생각해요.

컨설턴트 어떻게 증명할 수 있을까?

취 준 생 제 친구들은 어려움이 있으면 항상 저한테 찾아와서 상담을 해요! 그리고 답을 찾아가곤 해요.

컨설턴트 그래? 그렇다면 그 친구 중 혹시 굉장히 어려운 상황인데 너에게 도움을 받아서 좋은 결과가 있었던 친구에 대해서 이야기를 해봐.

취 준 생 음… 그건 비밀이라서 이야기하긴 힘들 것 같아요.

컨설턴트 분명히 '항상'이라는 단어를 썼잖아. 꼭 대단한 비밀이 아니더라도 사소한 이야기가 있지 않을까. 내게 증명하지 못하는데 인사담당자를 어떻게 설득할래?

컨설팅을 하다 보면 대부분 자신의 성격이나 스타일을 표현할 때 '항상'이라는 단어를 쓴다. "저는 항상 ○○○한 성격으로 (이후 생략)"처럼 말이다. 특히 '긍정'이라는 단어의 경우에는 더 하다! '항상'이라는 이야기를 하면서도 그 '항상' 중에 한 가지만 이야기 하라고 하면 못 한다. 그 성격은 자신이 생각한 성격이고, 그랬으면 하는 성격이 아닐까?

혹시 다른 친구들에게 자신을 객관적으로 평가해달라고 해본 적이 있는가? 자신에 대한 복습을 객관적으로 할 수 있는 방법으로 제 3자의 평가도 중요하다. 우리가 생각하는 자신의 목소리와 타인이 듣는 자신의 목소리가 다른 것처럼 내가 생각하는 성격과 남이 생각하는 성격은 많이 다르기 때문이다. 그리고 '항상'이라고 한 것을 증명하긴 생각보다 힘들다. 확실한 그 표현이 오히려 취업에서는 오해를 일으킬 수 있다는 것을 명심하자.

결론적으로 성격에 대해서 다음 두 가지를 명심하자.

첫 번째, 자신의 단점이 명확하다면 그 단점을 바꿀 새로운 계기를 만들어보자.

두 번째, 자신의 성격을 '항상'이란 단어로 애매하게 묶지 말자.

직무가 중요한 건 아는데
잘 모르겠다고?

"회사에 가서 가장 많이 하는 일이 뭔지 알고 있니?"

이제 취업을 준비하기 시작한 친구들은 직무가 뭔지 잘 모를 수도 있다. 이미 지원자들은 직무가 중요하다는 이야기를 많이 들어봤을 것이다. 직무를 사전적으로 설명하면 '직책이나 직업상 책임을 지고 담당하여 맡은 사무'라고 할 수 있지만 쉽게 얘기하자면 당신이 '지원한 회사'에서 '진짜 하게 되는 일'이라고 할 수 있다.

회사마다 명칭이 다르니까 입사를 희망하는 회사 사이트나 기타 정보들을 찾아보면서 꼭 그 기업에서 자신이 원하는 직무의 명칭과 업무를 정확히 판단해야 한다. 앞으로 '직무 역량'을 잘 쌓아야 한다는 말도 많이 듣게 될 것이다. 인사담당자 10명 중 4명은 채용 트렌드 1위로 '직무 중심 채용 강화'를 꼽았다고도 한다. 그만큼 직무가 잘 정해진 지원자들을 뽑는다는 말이다. 그래서 NCS라는 제도가 나오게 된 것이다. 최근 채용 트렌드를 알아보면 '능력 중심 채용'도 나와 있는데 이 또한 직무와 관련된 능력이 중요하다는 것을 뜻한다.

뉴스나 신문의 정보들을 취합해보면 취업준비생들의 30~40퍼센트가 직무를 정하지 않은 상태로 취업 준비를 하고 있다. 그런데 실제로 컨설팅을 하면서 보니 직무를 정하지 못한 지원자들의 비율은 거의 70퍼센트였다. 직무를 정했어도 다음과 같은 상황이라면 직무 확정이 안 되어 있다고 볼 수 있다.

첫째, 직무 선택의 이유가 명확치 않다. 둘째, 두 가지 이상의 직무를 생각하고 있다. 셋째, 하고만 싶을 뿐 직무에 대한 정확한 정보 분석이 안 되어 있어 실제 어떤 일을 하는지 모르고 있다.

대학 3, 4학년 친구들은 희망 직무를 아직 정하지 않았다면 다른 정보를 찾지 말고, 당장이라도 하고 싶은 일과 잘하는 일들을 종합해서 희망 직무를 정해야 한다. 졸업을 앞두고 있는데 직무 확정을 못했다면, 입사 지원을 100번 해도 돌아오는 답이 없을 수 있다. 그만큼 직무는 중요하다.

K대학교 교육 캠프에서 6명의 친구들과 3시간 정도 컨설팅을 했었다. 컨설팅을 하다가 다음과 같은 이야기를 들었다. 대학교

4학년 여학생의 이야기다. 이 지원자의 스펙은 학점 4.5 만점에 4.3, 영어·중국어·일본어가 가능하고, 아버지가 항공사에서 근무하셔서 어릴 때부터 여러 나라를 다녔다고 한다. 해외를 다니고 거주도 했었다니, 일반적인 취준생들은 부러울 뿐이다.

그런데 지원자에게 희망 직무가 뭐냐고 물으니 돌아온 답은 '번역'이라는 분야일 뿐이었다. 직무 생각도 많이 해봤고, 취업센터에 찾아가서 상담도 받았다고 한다. 거기서 뭐라고 했는지, 왜 아직도 직무를 못 정했는지 물어봤다. 그랬더니 "직무를 넓게 생각해야 한다"라는 말을 들었다고 한다.

이 말을 잘 판단해야 한다. 직무를 넓게 살펴보고 다양한 경험을 해봐야 할 친구들은 저학년 학생들이다. 무슨 직무가 있는지도 모르고 실제로 어떤 일을 하게 되는지 잘 모르기 때문에, 직접 경험해보면 '재미있고 정말 하고 싶은 일이다', '힘들고 하기 싫다' 등의 감정을 느낄 수 있다. 이런 경험은 인턴이나 기자단 등의 다양한 대외활동으로 경험할 수 있다.

그런데 4학년, 졸업을 앞둔 지원자라면 넓게 보고 생각할 때가 아니다. 직무에 대한 정보를 수집하고, 관련 실무자들의 인터뷰 등을 들어보기도 해야 한다. 그리고 내가 하게 된다면 좋아할 것 같고, 훗날 잘할 수 있을 만한 일인지 구분을 해야 한다. 그렇게 직무를 최대 세 가지 정도로 추려야 한다. 직무가 세 가지 정도로 추려진다면 취업 준비는 빠르고 전략적으로 진행될 것이다.

예를 들어, R&D 연구직으로 가고 싶다고 해보자. 그럼 어떤 분야에서 R&D가 하고 싶은지 정할 수 있다.

프린터 또는 기계 분야가 좋다면 채용 포털사이트에서 R&D, 기계 등으로 검색하면 관련 회사들이 쭉 나온다. 그 후 실제 업무와 연봉, 복지 등을 판단해서 가고 싶은 회사인지 아닌지를 판단할 수 있다. 그다음엔 기업 정보를 수집·분석하고 그에 맞게 자기소개서와 면접을 준비하면 된다. 그런데 직무가 정해져 있지 않은 친구들은 어떤 회사든, 어떤 일이든 상관없다는 말도 안 되는 이야기를 한다.

직무에 대한 정보는 NCS 국가직무능력표준 홈페이지에서 기본적인 내용을 볼 수 있고, 워크넷 홈페이지에서도 알 수 있다. 특히 워크넷이나 유명한 채용 포털사이트에서는 직무 관련한 정보와 실무자 인터뷰들도 찾을 수 있다.

혼자서 직무를 정하기 힘들다면, 컨설팅을 받아라. 희망 직무를 정했다고 생각한 친구들도 희망 직무가 마케팅인지 홍보인지 광고인지 정확하게 잘 모르겠다면 구체화시켜야 한다. 애매하다면 헛돌고 있을 가능성이 크다.

마케팅 직무이니 전략적인 분석으로 고객을 유치할 수 있는 기획적인 광고를 하겠거니 하고 막연한 정보와 동경을 갖고 취업했다가 시장 분석, 통계 조사로 밤새다 후회할 수도 있으니 말이다.

이렇게 얘기하는 이유 중 하나는 면접관들을 당황스럽게 하는 지원자들이 바로 자신이 지원한 업무가 구체적으로 뭔지 모르는 지원자들이기 때문이다. 기업마다 직무의 분류가 다르고 명칭도 다르기 때문에 그 정리는 다를 순 있지만 전혀 모르는 지원자들은 꼭 직무를 구체화하길 바란다.

희망 직무가 뭐냐고 물어보면 "경영 지원이요", "마케팅이요"가 아니라 전략 및 기획에서 일하고 싶다거나 분석 및 조사에 관심이 있어서 홍보팀에서 일하고 싶다고 구체적으로 이야기를 할 수 있어야 한다. 자기소개서 작성에도, 면접에서 좋은 답변을 하기 위해서도, 좋은 회사를 고르는 데에도, 좋은 직업을 갖기 위해서도, 성공적이고 행복한 취업을 위해서도 말이다.

컨설턴트 희망 직무가 있어요?

취 준 생 마케팅이나 인사 총무를 하고 싶어요!

컨설턴트 마케팅, 인사, 총무 세 가지 모두 욕심인데? 다양한 능력이 있나 봐요.

취 준 생 영업은 저랑 안 맞는 것 같아요. 현장에서 근무하는 것은 별로예요. 사무실에서 일하고 싶은데 그 세 가지 직무가 회사에서 가장 핵심인 것 같아요.

컨설턴트 그래요. 가장 기본이 되는 직무라고 볼 수도 있겠네요. 그런데 세 가지 직무의 공통점과 차이점은 알아봤어요?

취 준 생 일단 좋아 보여서 고르긴 했는데, 잘 몰라요.

<u>컨설턴트</u> 그럼, 영업이 싫다고 했는데, 영업과 마케팅의 차이는 알고 있나요?

<u>취 준 생</u> 마케팅 부서에서 오더를 내리면, 영업이 그 일을 하는 것 아닌가요?

생각보다 직무에 대해 잘 모르는 지원자가 정말 많다. 컨설팅을 받으러 오면서 본인의 희망 직무가 무엇인지 알지 못하는 친구들을 보면 솔직히 답답하다. 희망 기업 및 NCS 사이트에서 기본적인 내용 몇 가지만 훑어보기라도 했다면 저런 대답은 하지 않을 것이다.

직무 선택을 확실히 해야 하는 이유는 취업을 위해서가 아니다. 성공적인 취업을 위해서다. 여러 설문들을 종합해볼 때 직장인들의 70퍼센트가 잘못된 직무 선택으로 고민을 하고 있다고 한다. 특히 적성에 맞지 않거나 생각했던 것과 다른 업무 때문에 후회를 한다. 이는 충분한 사전 정보가 없었기 때문이다.

혼자만의 이상적인 생각과 남들의 '이렇다고 하더라'라는 이야기로 직무를 선택하는 일은 절대 없어야 한다.

열쇠는 사소해 보이는
경험에 있다

직무가 정해지면 회사에서 원하는 직무 역량이 뭔지 알 수 있게 된다. 그리고 그 직무 역량을 자기소개서와 면접에서 이야기하게 된다. 기획팀에 지원하면서 "저는 기획을 잘합니다"라고 써봐야 인사담당자는 '어쩌라고'라는 생각만 하게 된다. 우선 자기소개서에서 그 직무 역량이 있음과 함께 그것을 증명하는 이야기를 해야 한다.

증명할 수 있는 이야기란 관련 경험 또는 사례이다. 즉, 다양한 경험이 있어야 한다. 그래야 그 경험들을 통해 자신이 잘하는 일이 뭔지 알게 되고, 그 일이 어떤 직무와 연관되어 있는지 알 수 있다. 그럼 직무도 수월하게 정할 수 있다. 잘하는 일이 뭔지 알아야 하는 이유가 바로 이것이다.

그런데 컨설팅을 하다 보면 좋아하는 일, 잘하는 일도 얘기를 안 한다. 한 지원자는 기획팀에서 전략 부문을 담당하고 싶다고 했다. 남들이 말하는 기본적인 스펙도 잘 갖춰져 있고, 대외활동으로 아이디어 공모전에도 참여해서 입상을 했던 친구였다. 그런데 잘하는 건 모르겠고, 게임을 좋아한다고 했다. 스타크래프트, 워크래프트 같은 게임 말이다.

이 게임들의 종류는 바로 전략 시뮬레이션 게임이다. 스타크래프트의 각 유닛들의 장단점을 구체적으로 알고 각 종족 유닛들 간의 상성관계도 분석해봤다고 했다. 그렇게 장단점을 구체적으로 조사하고 분석하여 전략적으로 적용하는 일들이 재미있고, 하고 싶다고 했다. 그뿐만 아니라 아이디어 공모전을 하면서 자신의 아이디어에 대한 SWOT 분석을 할 때 재미있었고, 강점을 부각시키고 단점도 해결할 수 있는 제안을 할 수 있는 PT를 했다고 했다.

쉽게 말해 잘하는 일은 좋아하는 일을 하는 중에 발견할 가능성이 크다. 우리가 알지 못했던 역량들이 공모전이나 기타 대외활동을 경험하다 보면 자연스레 발휘된다. 대학에서 공부만 하면서 A+를 위해 살 것이 아니라, 다양한 경험들을 해봐야 한다는 것을 꼭 얘기하고 싶다.

어떤 일을 하든, 어떤 직업과 진로를 갖든 경험에서 배울 수 있는 것들이 너무나 많다. 잘하든 못하든 새로운 경험을 할 수 있는 기회가 있다면 일단 다 해봐야 한다. 대학생이라는 최고의 신분과 시간을 갖고 있다면 더욱 그렇다.

취업을 하기 위해서는 나만의 사례가 있는 것이 좋다. 그렇다고 막무가내로 특이한 경험을 하는 건 절대 좋지 않다. 취업을 위해선 직무와 연관된 경험을 해보는 것이 가장 좋다. 여행뿐만 아니라 다양한 공모전, 기업 인턴 과정, 동아리, 봉사활동, 기자단 활동 등 대내외 활동을 해보라. 그 과정에서 스스로 알지 못했던 역량이 나오게 될 것이다.

필자는 대학교 때 농촌 봉사활동에서 '귀신의 집' 게임을 기획했던 경험이 있다. 모두가 즐길 수 있는 이벤트가 없을까 고민하던 봉사활동 단장에게 주변의 폐가를 활용한 '귀신의 집'을 제안했다. 지역 소장님께 연락해 들어가도 되는지, 위험한 곳은 아닌지 여쭤보고 허락을 받았다. 그리고 숙소에서 폐가까지 거리와 동선을 파악하며 그 집으로 향했다.

집 가운데 작은 우물이 있었고, 두 개의 방과 부엌에는 큰 솥 두 개가 있었다. 공포 포인트를 줄 만한 장소와 장소별 미션, 수행 인원을 정했다. 얇은 실을 걸어두고 지나가다 걸리면 금속 요강이 떨어져 땡땡거리는 소리가 나게 유도했다. 다양한 미션과 공포 요소들을 심어두고 리허설 후 체험을 시작했다.

필자는 사진을 찍으면서 전체적으로 운영에 문제가 생기지 않도록 관리 감독을 했다. 그렇게 '귀신의 집'은 봉사단원들에게 최고의 호응을 얻었고, 재미있는 사진들도 많이 건질 수 있었다.

이 이야기를 보면 필자가 어떤 사람이고 어떤 성격이고 어떤 일을 잘하는 사람인지 대충 느껴질 것이다. 자기소개서 내용도 이렇게 작성해야 한다. 이 이야기처럼 별로 특이한 활동이 아닐 수도 있는 봉사활동에서 기획이라는 [직무 역량]을 보여준 [사례]를 어필할 수 있다.

이처럼 지원자들이 다양한 경험을 하고 적극적으로 임했다면 분명 '좋은 사례'라고 할 만한 걸 찾을 수 있을 것이다. 그 사례들을 종합하면 더욱 구체적으로 좋아하는 일과 잘하는 일, 직무와 관련 회사들을 찾을 수 있게 된다. 다양한 경험을 하자. 대부분은 생각보다 가까이에 있고 두렵지 않은 일들이다.

컨설턴트   가장 잘한다고 생각하는 게 뭐야?

취 준 생   잘하는 것이 무엇인지 모르겠어요. (ㄴ)

컨설턴트   그럼 최근에 즐거웠던 일을 한번 이야기해볼까?

취 준 생   사소한 일인데 친구 4명이서 갔던 여행이에요. 그런데 그 이야기를 쓸 수는 없잖아요?

컨설턴트   여행이 즐거웠다고 쓰면 일기가 되겠지. 왜 즐거웠을까 생각해보자.

취 준 생   여행 구성이 잘 되어 있었어요. 일정을 제가 계획했는데, 계획했던 대로 딱딱 맞았거든요. 모두 좋아했어요. 비용도 정말 저렴했어요. 한 친구에게 일정에 드는 비용을 저렴하게 하는 방법과 가격 비교를 함께 해주길 부탁했거든요.

마지막 답변을 보면 지원자가 잘하는 것이 뭔지 알 수 있다. 정보를 습득하고 계획하고 실천하는 것. 이 지원자는 여행에서 자신의 강점을 경험하고 왔음에도 무심코 넘겼다. 그리고 사소하다고 했지만 여행을 계획하고 비용을 비교 분석해서 저렴하게 다녀오기란 그것을 해보지 않은 사람에게는 아주 어려운 일이다.

작은 일도 계획적으로 비교 분석하여 준비하고 정확하게 실천하는 사람을 회사에서 싫어할까? 어쩌면 우리 스스로 잘하는 게 뭔지 모르는 것이 아니라 생각해보지 않은 게 아닐까? 결국 나 자신에 대한 복습이 안 된 것이니 사소한 경험도 되새겨보라.

자기소개서 컨설팅에 지원자들이 착각하고 있는 것이 있다. 컨설턴트는 지원자들이 적어온 자기소개서의 문장을 고쳐주거나 글을 만들어주는 사람이 아니다. 지원자가 하지 못하는 부분을 함께해줄 뿐이다. 지원자들은 좋은 사례가 무엇인지 모르고, 사소해 보이는 일에서 자신이 뭘 잘했는지 찾아내지 못한다.

지금 다시 생각해보라. 나는 무엇을 잘하는지. 어렵다면 최근에 즐거웠던 일을 순서대로 나열해보자. 대내외 활동이 아니더라도 괜찮다. 대단한 경험을 바라는 것도 아니다. 그냥 당신의 이야기

자체가 듣고 싶을 뿐이다. 가족과의 경험, 친구들과의 경험, 동아리 인원들과의 경험. 그것도 없다면 이성친구와의 관계도 좋다.

생각하고 정리하면 그 과정에서 반드시 자신이 좋아하는 부분이 나오고, 그중에 기업에서 좋아할 직무 역량 사례를 뽑을 수 있다. 다시 말하지만 잘하는 것이 뭔지 모르는 것이 아니고, 자신이 가지고 있는 역량에 대해서 생각해보지 않은 것뿐이다.

다양한 사례를 꼭 정리해두자. 사소할 수도 있는 다양한 사례들을 종합하면 자연스럽게 자신이 좋아하는 일을 찾아볼 수 있고, 잘하는 일도 찾아낼 수 있다. 이를 분석해보면 직무와 직무 역량을 구체화할 수 있게 되며, 스펙을 초월하는 자신만의 독특한 강점, 역량을 갖출 수 있게 된다.

그리고 성공적으로 취업에 다가가고자 한다면, 직무를 구체화하고 그와 관련된 어떤 경험이든 뛰어들어 도전해보자. 자신이 임원까지 되는 걸 비전으로 삼고 취업에 임하고 있다면 창업이란 경험도 매우 값질 것이다. 창업은 CEO와 기획, 마케팅, 사무 등을 종합적으로 배우고 느낄 수 있는 최고의 경험이 될 수도 있다. 다만, 기업가 마인드 없이 시작한 어설픈 창업과 허세는 독이 될 수도 있음을 명심하자.

기회가 된다면 적극적으로 도전하라!

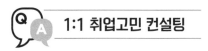

1:1 취업고민 컨설팅

Q1. 소극적이고 내성적인 성격이라 **취업 과정에서 스스로를 사교성 있고 활동적인 사람으로 포장하는 게 힘듭니다. 저 같은 성격의 취준생을 위한 조언을 부탁합니다.**

• 소극적인 성격, 내성적인 성격의 인물들이 취업을 하기 위해서는 두 가지 방법 중 하나를 선택하셔야 합니다.

첫 번째, 본인의 성향과 맞는 직무를 선택하는 것입니다. 내성적이고 조용한 사람들이 해야 하는 사무업무는 많이 있습니다. 재무나 회계같이 조용하고 정확한 사람들이 꼼꼼하고 디테일하게 업무를 처리해야 하는 일을 선택하시는 것이 좋습니다.

최근에는 영업이나 마케팅 같은 업무에서도 적극적이고 사교적인 사람들보다는 진중하고 차분한 사람들이 해야 하는 일들이 많이 생겨나고 있습니다. 따라서 포장을 하기보다는 자신이 잘할 수 있는 직무에 본인의 강점을 드러나도록 하는 게 좋습니다.

• 두 번째는 위에 잠깐 이야기했지만, 강점을 드러나게 해서 약점을 포장하는 것입니다. 사교성이나 활동적인 사람만이 기업에 있어야 하는 것은 아닙니다. 내성적인 사람들도 충분히 해야 할 업무가 있습니다. 자신이 지닌 강점을 살렸던 경험을 떠올려보세요. 분명히 학창시절 또는 다른 활동을 하면서 이루었던 성과는 있습니다. 그것이 공부든 프로젝트든 어떤 것이든, 사례를 찾아보고 극대화 방법을 통해서 약점이

문제가 되지 않도록 하는 것입니다.

똑같은 직무라도 각자의 역할과 업무는 분명히 다를 것입니다. 같은 팀이라고 해서 똑같은 성격이 아닌 것처럼 말입니다. 그렇기 때문에 내가 가진 강점을 어필해서 면접장에 온 실무자들에게 '아! 우리 팀에 지금 딱 필요한 인물이네?'라는 것을 보여주시면 됩니다. 모든 사람을 100퍼센트 만족시킬 수는 없지만, 그 자리에 자신과 같은 사람을 찾는 면접관이 있을 수 있다는 것을 분명히 기억하고 취업에 임하시면 됩니다. 참고로 저는 첫 번째보다 두 번째 방법을 더 선호합니다.

Q2. 공무원 시험 준비하다가 3년을 흘려보냈습니다. 나이도 있고 공부하느라 딱히 스펙도 없는데, 취업 시장에 뛰어들면 가능성이 있을까요? 그리고 자기소개서에 공무원 시험 준비 경험을 써도 될까요?

• 공무원 시험을 준비하다가 취업이 늦어졌다는 이야기를 직접적으로 적는 것보다는 자신이 이뤘던 성과 위주의 장점을 최대한 밝혀야 합니다. 최근의 취업 시장을 보면 나이에 대한 제약이 없어지고 있는 상황입니다. 블라인드 채용의 경우에는 나이를 오픈하지 않고 채용이 진행되는 경우도 있습니다.

공무원 준비를 하다가 다시 취업 준비를 하는 사람들을 보면, 나이가 많아서 취업하지 못하는 경우보다는 자신감이 떨어져서 그것이 입사 서류나 면접에 그대로 드러나는 경우가 더 많습니다. 뽑는 사람들은 나이가 많은 사람에 대한 부담감이 없다고 할 수는 없지만 결정하는 데 큰 이유로 작용되지 않는다고 생각합니다.

• 자신감을 보여주는 것이 가장 중요합니다. 공부를 하면서 익혔던 지식과 역량이 그냥 취업 준비만 했던 사람들보다는 뛰어나지 않으신가요? 공무원 준비를 했다는 이야기를 스스로 먼저 던지지 않는다면 충분히 그 기간 동안 쌓아온 지식과 역량을 뽐낼 수 있을 겁니다.

나중에 왜 나이가 많은데 지원했는지 물어보면 어떻게 하냐고요? 먼저 생각해보세요. 면접에서 본인에게 물어보는 것은 본인의 나이에도 불구하고 면접까지 부를 만한 역량을 가지고 있다고 인정했기 때문입니다. 그러니 지금 앞에서 듣고 있는 질문은 결코 본인을 떨어뜨리기 위한 질문이 아닌 압박하여 위기대처를 보려는 질문입니다. 따라서 공무원 준비를 하게 되었던 계기와 준비기간을 인정하고 그 기간 동안 쌓아온 장점을 어필하시면 됩니다.

꼭 나오지 않았으면 하는 질문은 꼭 나옵니다. 그러니 반대로, '나는 면접관의 질문 중에 하나는 분명히 알고 간다'는 긍정적인 사고를 가지고 면접장에 들어가시면 됩니다.

PART 2
그 기업

가고 싶은 기업 정보
120% 활용하기

쓰면 망하는 정보,
쓰면 흥하는 정보

좋아하는 이성을 무작정 쫓아다니거나 무분별한 정보까지 모으면 상대방이 어떻게 생각할까? 그냥 스토커로 여긴다.

기업도 마찬가지다. 희망 기업의 홈페이지에 보면 그들이 노출하고 싶은 수많은 정보들이 있다. 그 정보들에 초점을 맞춰보면 더 좋은 정보를 찾을 수 있다. 이런 점을 고려하지 않고 무작정 정보만을 캐낸다면 기업에서 싫어하는 내용만 모으는 경우가 생긴다. 좋아하는 이성에게 내가 당신의 약점을 알고 있고, 이를 감싸주겠다고 하면 좋아할지 생각해보라. 아마 도망갈 것이다.

대부분 지원자들은 기업정보를 모은다고 녹색창에 기업 이름을 쳐본다. 그 결과 남들이 잘 모르는 부정적 기사를 알게 되었다고 마냥 좋아하지 말자. 대화를 즐겁게 이어가려면 타인의 감정이나 사고, 그리고 경험들을 이해할 수 있는 공감대 형성이 필요하다. 이를 '라포르 형성'이라고 한다. 취업에서도 마찬가지. 기업을 분석한다고 약점을 툭툭 건드리지 말고 그들 스스로가 알리고 싶어 하는 부분에 초점을 맞추고 알아가보자.

그렇다면 기업 분석을 어떻게 해야 할까? 입사를 희망하는 기업 홈페이지에 접속하면 인재상 및 비전 외 다양한 기업 소개를 보게 된다. 여기서 중요한 점은 훑어만 보지 말고 디테일한 부분들을 하나하나 파악해볼 필요가 있다는 점이다.

특히, 사내 소식이 나와 있는 부분이 중요하다. 사내 월간, 분기 소식과 관련된 글들에 집중하자. 기업명, 대표이사, 임직원 관련된 기사들을 찾아보는 것도 큰 도움이 된다. 하루 이틀 찾아보기보단 일정 기간 동안 쭉 정보를 수집해야 한다.

또한 대기업, 중견기업, 공기업의 경우에는 대학생들의 대외활동으로 기자단 활동을 제공하고 있다. 기자단 블로그에서도 생각보다 좋은 정보를 얻을 수 있다. 희망 직무와 관련된 기자단 활동의 내용을 접할 수 있다면 더욱 좋다.

그리고 더 깊이 있는 정보, 기업 분석을 위해 정말 필요한 정보를 얻으려면 금융감독원 전자공시시스템 사이트를 활용한다. 포털 사이트에 '금융감독원' 또는 'DART'를 검색해서 본 사이트에 접속

하자(dart.fss.or.kr). 메인 페이지에서 회사명으로 검색이 가능하고 기간과 보고자 하는 공시자료들을 선택할 수 있는 메뉴가 있다. 메인 메뉴 좌측 하단 '많이 본 문서'라는 곳에 조회수가 높은 보고서들이 나열되어 있는데, 이는 현재 이슈가 되고 있는 종목과 기업에 대한 보고서일 가능성이 높다. 그래서 한 번쯤 쭉 읽어봐야 한다.

본격적으로 희망 기업들의 정보를 알아보자. 회사명에 희망 기업명을 적고 기간은 1년 또는 3년 정도로 설정해보자. 우리가 필요한 정보는 정기공시 부분이며, 여기에서 사업 보고서·반기 보고서·분기 보고서를 체크하여 검색한다. 이 보고서들은 기업 현황 및 재무, 경영 실적 등 경영 전반적인 내용을 정기적으로 보고하는 문서다.

참고로 사업 보고서는 사업연도 경과 후 90일 이내 제출해야 하고, 분기/반기 보고서는 분기, 반기말 경과 후 45일 이내 제출해야 한다. 그 점을 생각하고 검색된 보고서를 확인하자.

이제 검색된 보고서 중 최신 보고서부터 살펴보자. 각 보고서의 좌측에는 문서 목차가 나와 있다. 회사의 개요, 사업의 내용, 재무에 관한 사항(실적), 감사인의 감사 의견, 이사의 경영진단 및 분석 의견, 이사회 등에 관한 사항 등 투자자라면 회사에 대해 알아야 할 내용들이다.

이 기업의 일원이 되고자 하는 사람이라면 투자자의 눈에서 객관적으로 확인해보는 것이 좋다. 목차 중 회사의 개요에서 개요와 연혁을 보면 기업의 주요사업에 대한 내용을 구체적으로 볼 수 있

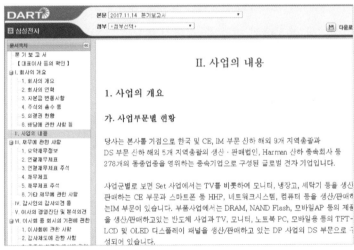

고 홈페이지에서 보지 못한 연혁들까지 세세하게 볼 수 있다. 목
차에서 '사업의 내용'을 보면 주요 사업 외 기타 사업 내용에 대한
더욱 구체적인 내용을 보게 된다. 자신이 들어가고 싶어 하는 회

사의 사업 내용을 보면 '이런 일도 하고 있었다니'라는 생각도 들고 감탄하게 될 것이다.

재무에 관한 사항은 어떤 직무든 이 부분을 보고 잘 분석하면 좋다. 인문학과 등 경제적인 관념이 부족하다는 선입견의 학과를 전공한 지원자라면 본인을 어필할 수 있는 좋은 정보이기 때문이다. 그리고 실질적으로 회사의 성장세와 하락세를 눈으로 직접 확인할 수 있으니 본인의 입사 희망 정도를 판단할 수 있는 기회가 되기도 한다. 예를 들어 재무제표상에서 기업이 하락세인 경우 내가 들어가서 일으켜보고 싶다는 열정이 생길 수도 있다.

이어서, 목차에서 임원 및 직원의 현황을 보자. 임원들에 대한 기본 정보와 경력을 훑다 보면 직원의 현황이 나온다. 기간의 정함이 없는 근로자와 기간제 근로자. 이른바 정규직과 비정규직이다. 남녀 성비와 급여 정보도 나와 있으니 본인의 입사 희망 정도를 파악하는 데도 좋고 합격 확률도 생각해볼 수 있는 정보이다.

구체적인 정보들을 확인했다고 끝내면 아무것도 안 된다. 여기서부터 노력이 필요하다. 관련 정보를 정리하면서 신문도 보고 뉴스도 봐야 한다. 취준생들에게 가장 중요한 것은 바로 열정이다. 정보 분석을 하면서도 그 열정을 보여줄 수 있다.

희망 기업을 직접 발로 뛰어 찾아가보자. 개인적으로 갈 수 있고, 대외활동으로도 가볼 수도 있다. 직접 가보면 '백문이 불여일

견'이라는 말이 느껴질 것이다. 실제 기업의 조직문화를 느껴볼 수 있고 내가 할 일, 직무에 대한 현실적인 부분들을 몸으로 체험이 가능하다. 또한 인터넷에서 보지 못한 내용들을 접하기 때문에 그 점들에 대한 생각을 정리해둔다면 자신만의 특이한 사례로 자기소개서나 면접에서 좋은 답을 할 수 있는 요소가 될 것이다.

기타 정보 분석 방법으로 증권사 투자 정보, 사보 및 보도자료, 트렌드 분석과의 연계 등 방법은 많다. 그 외에도 교수님이나 지인들에게 묻거나 직접 기업 인사담당자에게 문의하는 경우도 있다.

정말 중요한 것은 어떤 방법과 어떤 정보를 어떻게 얻었느냐가 아니다. 자료를 수집하는 과정에서 우리가 신경 써야 할 일은 정보의 많음이 아니라 우리 자신의 이야기로 풀어내는 일이다. 내가 얻어낸 회사의 정보가 나에게 어떻게 얼마나 적합한지 말이다.

정보 수집과 분석의 과정은 곧 '나' 자신을 알아가는 데에 도움이 되는 과정이어야 한다. 기업들이 제시하는 자기소개서와 면접 질문들이 까다로워짐에 따라 취업 준비도 까다로워졌다. 하지만 그 모든 과정에서 꼭 생각해야 할 것은 '나 자신에 대한 복습'이다.

기업 정보 분석을 하며 나와 맞는지 생각해보고 내가 잘할 수 있는지 입사 후에도 행복하고 좋아할 수 있는지 고민해보는 계기가 되어야 한다. 정보를 열심히 수집하고 분석하되 그 과정이 '나' 자신을 알아가는 데 도움이 되는 과정임을 잊지 말자.

인사담당자의 말에
흔들리지 말 것

인적성 검사는 지원자들이 취업 준비 과정에서 희망 기업을 포기하는 큰 이유 중 하나다. 대기업 취업 준비를 하면서 인적성 검사에 지레 겁먹고 발을 빼기가 일쑤다. 실제로 취업준비생을 대상으로 한 설문조사를 보면 50~60퍼센트 정도의 지원자들이 광범위하면서도 어려운 인적성 검사를 큰 부담으로 느낀다고 했다.

검사라고 불리지만 어찌됐든 시험이다 보니 지원자들은 책을 사서 문제를 풀어봐야 하고, 그러는 과정에서 독학의 어려움을 느낀다. 인터넷 강의와 현장 강의를 듣기 위해 학원에 다녀야겠다는 생각을 하지만 현실적으로 '돈'이 필요하다. 부모님께 손을 벌리고 싶지 않은 지원자들은 아르바이트를 하며 학원비를 마련

한다. 이런 과정이 반복된다. 이름도 다양한 기업별 인적성 검사들과 NCS 관련 시험. 이것들을 과연 어떻게 대처해야 할까.

이 과정을 포기한 사람과 준비해본 사람이 있을 것이다. 포기할 사람은 빨리 포기하는 게 낫다. 시험을 잘 봐야 하는 것도 있지만 그보다 중요한 것은 진정 본인이 희망하는 기업을 시험 준비 때문에 포기할 마음이 생긴다면 열정도 간절함도 없다는 반증이기 때문이다.

취업을 준비해본 사람들은 그 이유를 알 것이다. 어떤 기업에 들어가고 싶다고 마음먹었다면 열정이 있어야 한다. 아니면 너무나도 가고 싶어 미치겠고 직접 돈을 벌어 학원이라도 다니면서 꼭 합격해 입사하겠다는 간절함이라도 있어야 한다.

인적성을 준비해서 합격한 한 사회초년생 입사자의 이야기이다.

"인적성 검사는 난이도가 문제가 아닌 것은 확실해요. 풀다 보면 익숙해지니까요. 대입 수능 시험에서 영어 독해나 장문의 언어 문제를 풀 때 힘들었던 것이 바로 시간과의 싸움이었어요. 토익 시험도 그랬었고. 인적성 검사도 난이도의 문제보다 시간 관리가 현실적인 문제였어요."

그러니 어렵게만 생각해 인적성 검사 때문에 희망 기업과의 관계를 끊지 말자. 주의할 것은 인적성 검사에 대한 기업 인사담당자들의 이야기다. 기사나 뉴스들을 보면 "인적성 검사는 힘들게 준비할 필요가 없습니다"라고 한다. 이 말에 정보가 부족한 지원자들은 희망을 갖는다. 다시 생각해보자. 합격한 친구의 얘기처럼 인적성 검사는 시간과의 싸움임에 틀림없다. 결국 문제들을 계속해서 반복해 각 문제 유형을 파악하는 것을 넘어 숙지하듯 해야 한다. 또한 빠른 문제 파악과 더불어 생생한 정보를 얻기 위해 결국 동영상 강의나 학원이 필요하다.

결국 인사담당자들의 말은 그림의 떡일 뿐이다. 현실적으로 시간과 돈과 노력이 필요하다.

아마 대부분 학교에서 IQ 테스트를 해봤을 것이다. 인적성 검사는 IQ 테스트와 비슷하다. 특히, 공간지각능력 같은 경우 왜 시험을 보나 싶은 생각도 들 것이다. 검사에 나온 문제들이 쓸데없다고 느낄 수도 있지만 알고 보면 다 이유가 있다.

각 파트별로 만점을 받으라는 것이 아니다. 각 직무별로 필요한 능력이 다르고 모든 능력을 고루 갖춰야 하는 직무도 있다. 그래서 정부에선 NCS 제도를 도입한 직무기초능력들을 연구해 제시했다. 그리고 현실적으로 필요 없다고 느껴지는 검사의 경우, 기업에서는 인적성 검사 중 일부 유형을 생략하기도 한다. 아예 인성 검사만 보는 기업들도 있다. 검사의 이유는 다양하니 문제 유형과 이유를 따지지 말자.

검사 결과에 대해서도 왈가왈부할 필요가 없다. 정성적이고 객관적인 시험이 아니기 때문이다. 고득점을 받은 것 같다고 느껴도 불합격 통지를 받은 친구들이 있다. 반대로 못 본 것 같고 불안해하는 친구들이 오히려 붙는 경우도 많다. 앞에서 잠깐 얘기했듯이 직무별로 필요한 능력이 다르기 때문에 그런 결과가 나오게 된다.

쉽게 말해 일본 여행을 가는 데 일본어, 영어, 중국어 모두 잘하면 좋지만 일본어는 반드시 여행갈 수 있을 정도의 실력은 되어야 하는 것처럼 말이다.

여전히 인적성 검사를 시행하고 있는 기업들이 많다. 그런 기업의 경우 인재를 가려내는 성격보다는 적응력을 확인하기 위한 검사의 성격이 강하다. 그렇기 때문에 인사담당자들이 따로 준비할 필요가 없다는 얘기를 하는 것이 일부 사실이다.

그렇지만 자신이 입사를 희망하는 기업에서 인사담당자의 말만 믿고 절대 대충 준비해서는 안 된다. 준비는 언제나 확실히 해야 한다. 인적성 검사의 경우 유형은 대체적으로 비슷비슷하기 때문이다.

스터디 활용요령
BEST & WORST

한 명이 찾은 정보의 양은 만족스럽지 않을 수밖에 없다. 게다가 주로 인터넷과 카페에서만 찾으니 질 좋은 정보와 답이 나오지 않는다. 실제로 직접 발로 뛰면 인터넷에서 얻을 수 있는 내용들의 진위 여부와 함께 진솔한 이야기와 답변을 들을 수 있다.

이미 취업한 친구, 선배, 지인들을 만나보자. 없다면 당장 지원을 희망하는 회사에 얼굴을 비춰보자. 마지막으로 그렇게 하는 것조차 용기가 안 난다면 가장 쉬운 방법, 교내 취업센터라도 한번 들려보길 바란다.

본론으로 돌아와서 많은 지원자들이 활용하는 취업 스터디의 문제점들을 짚어보겠다.

첫 번째, '까다로운 규칙'이 오히려 문제가 될 수 있다. 스터디가 까다로운 이유는 바로 약속 때문이다. 필자도 여러 모임과 스터디를 해봤는데 시간 약속을 안 지키는 사람도 많고, 한 주의 개별 미션을 지켜오지 않는 사람도 많았다. 그러다 보니 결국 시간 약속과 개별 미션을 통해 공유하는 정보의 양과 질이 차이가 생길 수밖에 없었다.

몇몇 대학교에서는 스터디를 구성한 학생들에게 지원금을 주기도 한다. 그 지원금을 받으려면 스터디별 목표를 뚜렷한 계획서로 제출해야 하고 매주 성취도에 따라 지원금을 매기는 성과 지향적인 부분이 생긴다. 그러다 보니 스트레스를 받게 되고 스터디는 즐겁지 않은 일이 된다.

이런 문제가 있으니 구성원들 스스로가 자율적인 스터디 모임이 가능한지 우선 파악해보고, 규칙이 명확한 교내외 지원 프로그램 모임이 필요할지 판단하라.

두 번째, '그룹의 구성원'이 문제가 되기도 한다. 동반 성장을 위해 모였으나, 거기서 거기인 사람들이 모이면 성장이 느릴 수밖에 없다. '취업 스터디'라고 하면 당연히 취업에 성공한 사람은 없고, 계속 탈락했던 사람들이 모인다. 그리고 구성원 모두가 학생이다. 졸업을 했다면 현실적으로 '백수'인 상태이다.

또한 멤버 중 스터디를 오래한 멤버가 있다거나 스터디 경험이 많은 친구가 있어 믿음이 간다고 생각한다면 그것은 착각이다. 그

말은 그 역시 취업을 못한 취업준비생이라는 뜻이다.

어느 대학교에서 취업 스터디의 팀장이라는 학생을 컨설팅한 경험이 있다. 그 지원자의 1분 자기소개는 형편없었다. 자신이 잘한 일에 대한 나열뿐이었다. 지원자의 자기소개를 요약하자면 '내가 잘하는 것은 이런 것들이 있고 날 뽑으면 회사에 큰 영향을 줄 수 있을 것이다' 정도다. 과연 인사담당자들이 그 이야기를 듣고 '좋은 지원자네'라고 생각할까? 이런 지원자가 팀장을 맡아 스터디를 총괄하고 있었다. 이 스터디의 합격률은 0퍼센트이다.

그리고 스터디 모임이 사교적인 느낌이 든다면 당장 그만둬야 한다. 특히, 모임 내에 커플이 있다면 그만둬라. 좋은 경우도 있겠지만 커플의, 커플을 위한, 커플에 의한 모임이 될 가능성이 크기 때문에 이런 모임은 피하는 것이 좋다.

세 번째, 취준생 구성원의 '정보의 질은 비슷'하다. 구성원들이 찾아오는 정보는 어디서 나올까? 인터넷 포털 검색, 인터넷 카페, 취업 서적 정도뿐이다. 특히 인터넷 카페나 블로그에 나오는 합격자 자기소개서나 면접 후기 등은 믿을 수 없는 부분도 많다. 보긴 보되 30퍼센트의 거짓 후기가 있을 수 있으니 100퍼센트 믿지 말라!

<u>취 준 생</u> 스터디가 도움은 되는 것 같은데 사실 그 정보들이 정말 좋은 정보인지 모르겠어요. 그리고 합격 자기소개서라고 올라온 걸 보면 선생님

께서 알려주신 내용과 많이 달랐어요. 수준은 낮아 보였는데 그 정도만 써도 되나요? 선생님이 이야기해주신 내용이나 다른 친구들을 보면 모두 어렵게 준비하잖아요. 합격 자기소개서를 보니 너무 쉽게 써서 합격한 것 같아요. 제 자기소개서는 그보다 훨씬 좋다고 생각하거든요.

<u>컨설턴트</u> 많이 좋아졌어. 근데, 혹시 그 합격 자기소개서를 작성한 친구의 다른 스펙은 본 적 있니?

<u>취 준 생</u> 아니요. 자기소개서만 올라와 있었어요. 사실 스펙도 올라와 있는 경우엔 '넘사벽'이 많아서 보기도 싫어요.

합격 자기소개서라고 공유되는 걸 보면 정말 수준이 떨어진다. 단도직입적으로 말하는데 합격 자기소개서는 공유하지도 보지도 마라. 스펙이 좋아서 합격했는지, 서류 전형만 합격한 것인지, 면접을 잘 봐서 합격한 자기소개서인지 알 수 없다.

결국 합격 자기소개서는 정확히 면접의 자격을 받은 자의 일부 요소일 뿐이다. 이런 스펙이나 배경도 전혀 모르는 상태의 자기소개서가 인터넷에 돌아다닌다. 기업에서는 절대 자기소개서 하나만 보고 사람을 뽑거나 떨어뜨리지 않는다. 그런데도 불구하고 지원자들은 자신이 본 합격 자기소개서 정도만 쓰면 되겠다고 분석한다.

배경도 모르는 남의 자기소개서를 보지 말고 나의 현재를 바라보고 자신에게 필요한 준비를 철저히 하자.

네 번째, 가장 중요한 문제인 '모범 답안의 공유'이다. 이것은 정말 심각한 문제이다. 이럴 거라면 스터디를 안 하는 것이 낫다. 취업 과정에서 자신만의 독특한 개성을 보여주어야 한다는 걸 알고 있음에도 불구하고 왜 모범 답안을 공유하는가.

모범 답안은 이미 유명한 답안이 되어 실제 면접장에서 비슷한 얘기만 나와도 인사담당자는 지루해한다. 엄청 독특한 사례나 오글거리는 얘기를 한다고 해서 좋은 것도 아니지만 말이다. 결국, 모든 지원자가 인사담당자들이 좋아한다는 사례들을 똑같이 내놓는다. 그렇게 준비한 답변이 면접관에게 들리기나 할까.

답안은 절대 공유하지 마라. 그것이 실제로 답안이 되지도 못하니 그냥 보고 넘어갈 정도로 참고만 하길 바란다.

면접관(인사담당자)이 가장 기피하는 답변이 어디서 많이 들어본 이야기다. 그들도 검색해보고 분석한다. 어떤 좋은 답변들이 돌아다니는지 다 보고 있다. 그런 비슷한 얘기를 시작하는 순간 면접 광탈이다. 왜 스터디까지 하면서 기피대상에 포함되고자 하는 건가.

스터디의 위험성을 이해했다면 사실 취준생들 간의 모임 자체는 힘들어진다. 스터디를 하려면 전문가와 함께해라. 체계적인 커리큘럼과 진정성을 갖고 있는 전문가를 찾아 함께해야 한다고 생각한다. 사실 이 부분에서 비용이 들 수도 있지만, 스터디하면서 지각

비용이니 모임 운영비를 내는 것보다 훨씬 가치가 크다.

자기소개서 작성의 경우 사례의 중요성에 대해 뒤에서 언급하겠지만, 자신의 사례를 끄집어내기가 여간 어려운 일이 아니다. 아마 좋은 사례인지 나쁜 사례인지도 모를 것이다.

일단 취업 준비 시작점에서 서너 명이 모여 각자의 사례들을 얘기해보면 훨씬 좋다. 추가로 전문가의 사례에 대한 피드백이 들어간다면 나의 사소한 사례가 좋은 사례인지 나쁜 사례인지 구분할 수 있는 능력이 생기게 된다.

이는 매우 중요한 능력이다. 이력서와 자기소개서, 일반 면접에서뿐만 아니라 PT 및 토론 면접, 창의 면접, 기타에서도 그 힘을 발휘할 수 있다. 경험을 근거로 한 스토리텔링은 각 파트에서 독자, 청자로부터 집중을 이끌고 임팩트를 줄 수 있기 때문이다.

사례의 좋고 나쁨에 대한 판별 능력을 갖추게 되었다면 아마 그 스터디는 면접 준비에서 꽃길을 걷게 될 것이다. 스터디의 꽃이 바로 면접 스터디이다. 각자가 좋은 사례에 대한 판별 능력을 갖추고 있는 상태에서 일대일, 다대다 면접 연습을 하면 좋은 시간이 될 것이다.

만약 나 홀로 면접 연습을 한다면 가장 기본적인 방법은 거울 보고 연습하기이다. 셀프 동영상을 찍어 자신의 모습을 체크하면 더 효율적이다. 여기에 스터디를 하면 타인으로부터도 객관적인 평가를 받을 수 있다. 면접관과 면접자로의 역할 분담(Role-Play)

과 함께 서로를 녹화, 피드백한 후 전문가에게 2차 피드백을 받을 수 있다면 면접 연습의 최선이다. 인사담당자가 보는 것과 가장 비슷한 피드백을 받을 수 있기 때문이다.

결론적으로 스터디를 한다면 사교적인 분위기를 피하고 교육 시스템이 체계적으로 갖추어져 있는 전문가와 함께하는 것이 좋다. 스터디의 문제점은 전문 컨설턴트가 함께해주는 것만으로도 해결이 가능하다.

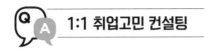

Q3. 오랜 구직활동으로 인한 자존감 하락을 겪고 있습니다. 친구들과 비교하면서 열등감과 불안을 느낍니다. 계약직 제안은 좀 오는데 정규직 전환 가능성도 없는 곳에서 시간만 버리는 게 아닐지 고민이 됩니다. 어떤 마음가짐과 전략을 갖는 게 좋을지 조언 부탁드려요.

• 오랜 구직활동으로 인한 자존감 하락, 정말로 많은 분들에게 들은 이야기입니다. 질문 내용을 두 가지로 나누어보면 '잘 취업이 되지 않는데 어떻게 해야 할까' 그리고 '정규직이 아닌 계약직으로 들어가 있으면 시간 허비만 하는 것이 아닐까'인데요.

정답은 아니지만 방안을 이야기하면 먼저 취업이 되지 않는다고 한탄하기보다는 왜 안 될까를 생각하는 게 맞습니다. 부족한 점을 알면 그것을 채우면 되는데 막상 부족한 점이 무엇인지 몰라 채우지 못하는 경우가 더 많습니다.

교육을 하면서 항상 이야기하는 것 중 하나가 '지식'을 채우기보다는 '역량'을 채우라는 것입니다. 자신이 부족한 것이 토익 점수, 학점, 그리고 자격증이라고 생각하고 찾아오는 지원자들이 많습니다. 하지만 이것은 말 그대로 점수일 뿐입니다. 커트라인 점수 이상을 가지고 있거나 서류를 통과한 경험이 있다면 분명히 점수에서의 문제는 아니며, 다른 준비가 부족한 것입니다.

열등감과 불안을 가지는 것은 충분히 이해가 되지만, 안 된다 불리하다고만 생각하기보다는 자신에게 맞는 기업을 찾아보기를 바랍니다.

• 한 예로 예전에 취업 멘토링을 했던 한 여대생이 있었습니다. 경기도에 있는 학교를 다녔으며, 학점은 4.4 이상으로 정말 높았고 토익 점수도 890점대였습니다. 그런데 지원하는 곳마다 계속 떨어지는 것이었습니다.

분석 결과, 오히려 학점이 너무 높기 때문에 조직에서 좋아하지 않을 수도 있다는 평가를 내렸습니다. 졸업했으니 학점은 변하지 않는 것이고 토익 점수보다는 졸업 후 6개월 정도 마음껏 외부 활동만 집중해보라는 제안을 했습니다. 점수는 안정적이니 이제는 경험을 쌓으라는 컨설팅이었고, 졸업 후 1년 6개월 만에 K자동차의 한 공장 관리직무 신입사원을 뽑은 전형에 합격해 공장 내 유일한 대졸 여자 신입사원이 되었습니다.

특히 주목할 점은 마지막 임원 면접에서 모든 면접관에게 만점을 받은 것입니다. 그때가 겨우 두세 번째 면접이었고, 다른 곳은 서류에서 떨어지는 경우가 더 많았습니다. 그 친구의 전략은 대외활동을 많이 하는 것과 면접 연습을 1년 넘게 꾸준히 하는 것이었습니다. 한 번이라도 기회가 온다면 반드시 잡겠다는 심정이었지요.

여러분도 결코 포기하지 마시고 면접을 완벽하게 준비하세요. 입사서류가 통과되고 인적성이 통과되면 그제야 면접을 준비하겠다는 생각이 많습니다. 그러나 순차적으로 준비하면 계속 늦어집니다. 아무리 오랜 구직활동이었다 해도 분명히 한 번의 기회는 올 것입니다. 지금부터 바로 그 한 번의 기회를 잡기 위해서 노력하셔야 한다는 것이 제가 드릴 수 있는 팁입니다.

- 계약직도 분명히 4대 보험이 되고 경력증명서를 받을 수 있는 곳입니다. 계약직 후 정규직 전환? 이런 것을 생각하시기보다 그곳에서 본인이 해야 할 일은 성과를 내는 것입니다. 경력직을 뽑는 기업은 이력서나 자기소개서보다 우선 경력증명서를 보고 평가합니다. 경력증명서를 만드는 과정으로 생각하시고 직무를 수행하며 본인이 잘했던 소통, 창의적이고 논리적인 사고 등 분명히 보여줄 수 있는 것을 찾아야 합니다. 그리고 나중에 가고 싶은 기업과 원하는 직무에 맞는 역량을 적어 내시면 됩니다.

PART 3
이력서

—

서류통과를 부르는
첫인상 만들기

서류 광탈의
이유

지금부터 모든 서류 과정의 시작인 이력서에 대해 얘기하려고 한다. 이력서뿐만 아니라 입사서류의 전반적인 내용도 함께 얘기하겠다.

우선 아직 이력서나 자기소개서 등의 입사서류를 작성해보지 않은 친구들이 있을 수 있다. 저학년 학생들이라면 아르바이트를 해보는 것을 권한다. 자연스레 입사서류 작성 연습이 된다. 고학년 학생이 서류 작성을 한 번도 해보지 않았다면 아르바이트 지원도 안 해봤을 가능성이 크다. 그렇다면 더욱 집중해서 읽어야 한다. 서류의 작성은 꼼꼼하게, 내용도 신경 쓰도록 하자. 특히 경력과 사례에 신경을 써야 한다.

서류 광탈. 최근 여기저기에서 자주 들리는 단어이다. 취업하기 힘든 요즘, 수십 개 기업에 입사서류를 제출해도 답이 없는 상황이 빈번하다. 지원한 서류가 '빛보다 빠른 속도로 탈락'한다. 컨설턴트는 이런 당신을 돕고 싶어 한다. 그런데 문제는 서류 제출일자가 내일인데 갑자기 연락해서 어떻게 써야 되는지, 이렇게 써도 되는지 물어본다.

취 준 생 안녕하세요, 컨설팅 좀 받고 싶어서요.

컨설턴트 어떤 부분을 도와드릴까요?

취 준 생 S기업에 지원서를 내려고요. 봐주실 수 있을까요?

컨설턴트 저한테 메일로 보내주실래요? 지원 마감은 언제인가요?

취 준 생 오늘 오후 5시 마감이요.

컨설턴트 오후 5시 마감인데 지금 컨설팅을 의뢰하시는 건가요?

마감일 하루 전, 심하게는 1시간 전에 컨설팅을 의뢰한다. 입사지원서가 합격일 것인지 떨어질 것인지를 파악해달라는 거라면 가능하다. 대부분 '탈락입니다!'라고 할 가능성이 많다. 왜냐하면 첫째, 사례의 구체성이 없는 경우가 태반이며 둘째, 기업 및 직무에 대한 분석이 되어 있지 않은 경우가 대다수니까 말이다.

일단 자기소개서를 써둔 것이 있다고 생각해보자. 기본적으로 무슨 서류를 작성하든 물리적인 시간이 어느 정도 필요할지 생각해야 한다. 그런데 그런 생각을 전혀 해보지 않은 이런 지원자도 있다. "내일 아침에 제출할 예정이니 11시까지 첨삭해서 보내주세요"라고 메일을 보낸다. 밤 12시에.

컨설턴트는 돈을 받으니 언제든 컨설팅을 해도 상관없다고 생각하는 걸까? 또는 자신이 누군지도 밝히지 않고 제목도 없이 몇 문장의 메일을 보내는 사람들. 시간 계산과 기본 예의는 취업 준비 과정에도, 앞으로의 실무에서도 필수다.

인사담당자가 가장 먼저 보게 되는 건 무엇일까? 대기업의 경우 최근 인터넷을 통한 지원이 많아 상황이 다를 수 있지만 중소기업들은 대개 메일로 입사지원서를 받는다. 대기업 및 중견기업에서도 상시모집의 경우 필요한 서류를 개별적으로 보내야 하므로 메일로 서류를 전송하는 경우가 있다.

즉 인사담당자는 이메일 제목과 내용, 첨부된 파일명을 먼저 보게 된다. 인사말도 한마디 없이 '입사지원서 보내드립니다'라고 제목을 쓰고 첨부파일도 그냥 '입사서류.doc'와 같이 써서 보낸 이메일은 바로 휴지통으로 삭제될 확률이 90퍼센트다. 그런 메일을 받으면 지원자의 인성이 안 되어 있다고 느낄 것이다. 최소한 자신이 누구인지 누구의 서류인지 어떤 마음으로 써서 보냈는지 이야기를 써야 한다.

일단 입사서류를 작성했다면 입사서류 제목부터 신경 써야 한다. 첨부파일도 다른 기업의 지원서를 보내지 않도록 주의해야 한다. 또한 컨설턴트에게 컨설팅 지원을 요청할 때는 충분한 시간과 여유를 가지고 보내야 한다.

하루 전에 입사서류를 가지고 와서 잘 쓴 자기소개서인지 확인받지 마라. 하루 전에 컨설턴트와 얘기해야 할 것은 자기소개서가 아닌 다음과 같은 것들이다.

자신이 얼마나 좋은 경험과 역량을 가지고 있는지 리마인드하기. 지원하는 회사에 대한 분석은 얼마나 되어 있는지 확인 받기. 취업을 위해서 얼마나 노력했는지 체크 받기. 이를 통해 잘한 점과 못한 점들을 점검하고 자신감을 갖고 합격을 기다리거나 또 다른 곳을 지원할 때도 좋은 취업 마인드를 다질 수 있다.

알다시피 채용공고를 보면 제출 기간이 한 달 정도이다. 그런데 하루 전에 컨설팅이 필요할까? 여기저기 기업을 알아보다 보니 생각지도 못했던 좋은 기업을 알게 될 수도 있다. 하지만 어떤 경우든 준비 과정은 필요하다.

이런 속담이 있다. "방죽을 파야 개구리가 뛰어든다." 우리가 원하는 결과를 내려고 한다면 그에 맞는 합당한 준비와 노력을 해야 한다는 말이다. 자기 분석, 직무 분석, 사례 정리 등 기본적인 서류 작성 준비과정을 거쳐라. 이런 준비가 없었기 때문에 서류가 '광탈'된다.

혹시 나름대로 열심히 준비 과정을 거쳤음에도 탈락되었다고 생각하는 걸까?

"잘 쓴 것 같은데 이유를 모르겠어요."
"이 회사는 저희 학교 안 뽑아요." or "학교 '네임밸류'가 낮아요."
"스펙이 부족해요, 학점이 낮아요, 자격증이 없어요."

서류 광탈 후 다양한 탈락 이유를 생각해봤을 것이다. 스펙이 부족하고, 학점이 낮고, 자격증이 없는 경우 해당 스펙에 적합한 기업을 찾아보거나, 스펙을 이길 수 있는 자신의 강점을 내세울 수 있어야 한다.

○○학교라서 기업에서 안 뽑는다거나 네임밸류가 낮다는 것은 타당한 이유가 아니며 학교에 대한 애정만 낮아질 뿐이다. 그 학교 출신을 뽑지 않는 이유는 선배들에게 있을 수도 있다. 그렇다면 자신의 학교 후배들을 앞으로 ○○기업에서도 뽑을 수 있는 기회를 만들어주는 선배가 되어보겠다는 각오로 지원해보자.

잘 쓴 것 같은데 이유를 모르겠다고 생각하는 경우라면 전문가와 상담을 하는 것도 좋다. 취업 컨설턴트의 객관적인 분석과 준비 정도 점검을 거쳐 처음부터 다시 시작하는 편이 시간을 절약하는 방법일 수 있다.

사진에 투자한 만큼
연봉이 10배 상승한다

메라비언의 법칙(the law of Mehrabian)이 있다. 이 법칙을 간단하게 이야기하면, 우리가 어떤 사람에게 받는 인상에서 시각적인 이미지가 55퍼센트, 청각적인 이미지가 38퍼센트를 차지하고, 말하는 내용이 미치는 영향은 7퍼센트에 불과하다는 법칙이다.

면접의 경우 문을 열고 들어오는 그 순간부터 외적인 부분인 55퍼센트를 보여주게 되고, 인사와 답변을 하면서 자신의 38퍼센트를, 답변 과정의 내용이 7퍼센트를 보여주게 되는 것이다.

그런데 많은 지원자들은 이렇게 말한다. "면접에서 저의 모습을 보여주고 싶어요."

면접까지 가려면 우선 서류를 통과해야 하는 걸 알고 있는데도 말이다. 다시 말해 우리의 모습을 인사담당자에게 가장 먼저 보여주는 순간은 면접이 아니라 바로 이력서다. 그러니 이력서의 외적인 모습도 신경을 많이 써야 한다.

이력서에서 가장 먼저 눈에 들어오는 것은 바로 사진이다. 그렇기 때문에 무척 중요하다.

필자도 첫 정식 이력서를 작성할 때 주민등록증 사진을 위해 찍은 증명사진밖에 없었다. 급해서 정장도 못 입었고, 요즘처럼 정장을 빌려주는 곳도 별로 없었다. 그래서 인터넷에서 정장 입은 사진으로 바꾸는 방법을 찾았다. 절대 좋은 방법이 아니어서 급한 경우에만 써야 하는 방법이었다. 당연히 사진 퀄리티가 좋지 않았다. 그렇게 수정된 사진을 이력서에 첨부하니 별로여서 원본을 찍은 사진관에 다시 갔다. 사장님은 취업 때문이냐고 물어보더니 간단한 작업을 해주겠다고 했다.

깔끔하게 작업된 사진은 가짜 정장이었지만 넥타이 색도 잘 어울렸고 배경색도 차분한 회색이어서 마음에 들었다. '똘똘해 보이는 녀석'으로 느껴지는 사진이었다.

아무리 급해도 최선의 노력을 사진에 쏟아야 한다. 인생의 전환점이 될 수도 있는 취업을 하고 싶다면 말이다. 기본적으로 이력서 사진은 밝은 미소와 단정한 모습의 정장 사진을 찍도록 하자. 갑자기 이력서를 낸다고 하더라도 아무 사진이나 쓴다면 취업 준비가 되어 있지 않다고 생각할 수밖에 없으니 미리미리 준비해둬야 한다.

요즘은 교내 취업센터에서도 정장을 빌려주고 '열린 옷장' 등의 셰어링 서비스를 활용할 수도 있다. 증명사진이 아닌 '셀카' 사진을 넣는 건 정신 나간 행동이다. 그렇게 하면 아르바이트밖에 못한다. 그리고 남자 지원자의 경우에 사진을 찍기 전 약간의 화장을 해주면 좋다. 특히, 머리는 최대한 깔끔하게 미용실에 가서 다듬은 후 사진을 찍어야 한다.

사진을 찍었다면 보정에도 신경 써야 한다. 배경이 있고 없고의 차이는 크다. 배경 색의 톤도 우리의 첫 이미지를 좌우할 수 있다. 일반 사무직의 경우 눈에 띄고 싶다면 배경색이 없는 것보다는 블루 계열이 낫고, 좀 더 차분한 느낌을 보여주고 싶다면 갈색 계열로 수정해보자. 시크하고 기획적인 모습을 보여주고 싶다면 블랙 계열로 수정하는 것도 좋다.

그리고 일반 사진관이 아닌 전문 스튜디오에 가서 이력서용 사진을 찍어보는 게 어떨까? 연예인 프로필 사진처럼 찍으라는 것이 아니다. 취업용으로 찍되 스튜디오에 가서 찍으면 이미지 컨설팅도 해주고 앞서 말한 화장과 머리도 손봐주기 때문에 좋은 사진이 나올 수 있다. 아마 그 경험을 통해 자기 관리에 대한 동기부여도 받을 수 있을 것이다.

지원자들이 착각하는 중요한 부분이 있다. 이력서 사진은 지원자의 외모를 판단하려고 있는 게 아니다. 이력서 전체의 정성과 느낌을 보는 과정에서 사진에 지원자의 노력이 있는지 없는지를 판단하는 것이다. 물론, 지원한 직무에 잘 어울리는 외적 이미지를 갖추고 있는지도 보긴 한다. 이건 외모지상주의도, 선입견도 아니다. 외모로 사람을 떨어뜨린다고 오해를 하고 자신의 역량을 뽐낼 수 있는 좋은 기업을 놓치는 일이 없길 바란다.

그럼에도 사진에 시간과 비용을 투자하는 게 아까운가? 사진에 투자하는 금액이 부담이 될 수도 있지만, 그것이 당신의 연봉을 1000만 원 이상의 가치로 높여준다면 결코 아깝지 않은 투자가 될 것이다. 증명사진은 본인의 가치를 높이는 가장 쉽고 빠른 현실적인 투자 방법이다.

그 외에도 서류광탈을 원하지 않는다면, 빈 공간이 없게끔 이력서를 채워야 한다. 이력서 양식이든 자유 형식이든 이력 사항들이 돋보일 수 있게 수정하자. 칸 너비나 높이, 자신에게 필요 없는 사항들은 과감히 지우기도 하면서 이력서 칸들을 조정한다. 수정이 불가능하다면 어쩔 수 없다. 인터넷 홈페이지에서 서류를 작성해야 하는 대부분의 대기업 채용이 그렇다. 그렇기에 스펙을 무시할 수 없는 것이다.

대학교 저학년 학생들은 먼저 아르바이트를 지원해보길 권한다. 그러는 과정에서 이력서와 첫 대면을 하게 된다. 각자의 이력서에 이런 저런 부분을 채우다 보면 빈칸이 너무 많아 당황스러울 것이다. 그 순간이 바로 미래를 준비하는 시작점이다.

훗날 내가 원하는 미래가 취업으로 이어지는 경우를 생각해보자. 미래의 이력서에 자격증 부분이 필요하다 느껴진다면 그것을 채우도록 자격증 공부를 하면 된다. 다양한 대외활동이 필요할 것 같다면 대학생활 중 공모전, 봉사활동, 인턴 등의 활동을 준비하게 될 것이다. 그런데 무턱대고 스펙을 준비하는 것은 좋지 않다. 앞으로 '직무'에 대한 능력에 집중해야 하기 때문이다.

저학년 친구들은 취업 준비를 무분별하게 하지 말고, 자신이 희망하는 직무에 필요한 능력과 희망 기업에서 요구하는 '인재상'을 알아보고 전략적으로 준비하자.

별별 스펙만 잔뜩인 어리석은 지원자가 되지 말자. 자신이 원하는 직무에 대해 기업과 인사담당자가 원하는 기본 스펙을 우선 갖추길 바란다. 그 후 자신이 생각하는 미래를 만들어가는 데 필요한 추가 스펙을 더해주면 좋다.

공모전을 나가기 두려워하는 지원자도 많다. 나가서 상도 못 탈 텐데 시간이 아깝다는 생각이 들어서라고 한다. 그래도 일단 경험을 해보라. 공모전 같은 다양한 대외활동에 최선을 다한다면 실패로부터도 값진 교훈을 얻을 수 있다.

유명 인사들의 성공 스토리와 말을 들어보면 '일단 도전하라' 또는 '일곱 번 넘어져도 일어나 도전하라' 등의 이야기를 많이 한다. 필자 역시 그렇게 생각한다. 도전만이 변화를 이끌고, 변화는 성장을 이끌고, 성장은 성공을 이끌어줄 수 있기 때문이다. 다만 그 도전 목적이 명확해야 한다. '아, 내가 이 도전을 통해 최소 이런 면은 갖출 수 있겠구나' 정도는 생각해야 한다.

공모전을 예로 든다면 도전했을 때 상은 못 타더라도 그룹의 일원으로 네트워킹 또는 해당 분야로의 실무 경험을 해봐야겠다는 목적은 있어야 한다. 대외활동마다 각각의 경험이 주는 배움과 성장이 다양한데 이를 남들이 하니까, 스펙이 되니까 정도로 생각하면 시간 낭비가 되고 만다.

운전할 때 내비게이션으로 목적지를 찍고 가면 다른 길에 들었다 하더라도 다시 목적지를 찾아갈 수 있는 길을 알려준다. 우리 삶에서도 경험을 통한 최종 목적지를 설정하고 도전한다면 그 결과가 절망적이어도 분명한 배움과 성장을 할 수 있음을 기억하자.

합격하기 좋은 학점은
따로 있다

취업을 준비하는 대부분의 사람들은 대학교 간판, 흔히 말하는 네임밸류가 낮다는 이유로 의기소침해진다. 반대로 학교가 명문대라면? 생각보다 우쭐해한다. 하지만 이제 그런 시대는 끝났다.

사실 이력서를 보면 어쩔 수 없이 대학명이 눈에 들어오고 그에 따라 자연스럽게 선입견이 생긴다. 그렇지만 요즘은 중소기업의 단순 채용 과정에서도 지원자의 전공을 고려하는 것이 자연스러운 일이 되었고 직무에 필요한 경험을 했는지에 집중하고 있다. 결국 명문대라고 해서 우쭐거릴 일이 아니라는 것이다.

외국의 경우 자기소개서 자체가 없는 나라들도 많다. 이탈리아, 중국, 이집트, 우크라이나, 노르웨이 등이 대표적인 곳들이다. 자기소개서는 미국을 비롯한 나라에서 시작했다. 메일이나 서류 제출 시 본인의 이력서에 대한 간략한 소개와 지원 동기 등을 서술한 서류를 붙이는데, 이를 커버레터(Cover letter)라고 부른다.

지금도 커버레터는 우리가 흔히 말하는 자기소개서와 비슷하지만 실질적으로 내용보다는 글꼴과 양식 등을 더 본다고 한다. 작성자의 노력과 꼼꼼함 등의 인성적인 면을 보기 위해서다.

우리나라의 자기소개서는 일본의 채용 과정을 그대로 따왔다고 할 만큼 비슷하다. 자기소개서에 대한 압박과 사교육만 늘어나게 했다는 점에서 부정적이라는 평도 있지만 스펙보다 사람의 됨됨이를 깊이 보려 한다는 취지는 분명히 긍정적이다.

더욱이 현재 채용 과정에서 말하는 인재는 '스펙이 뛰어난 사람'에서 '직무에 필요한 기본 스펙을 갖춘 인성이 바른 사람'으로 발전했다. 기업에서는 이력서와 자기소개서를 종합적으로 보고 필요 인재를 구분한다. 결국 이력서에 스펙만 채운다고 '취업 깡패'(취업에 압도적으로 유리한 지원자를 속되게 일컫는 말)가 되지 않는다는 뜻이다.

그렇기 때문에 오로지 성적과 1등이라는 순위에 초점을 두고 살아온 친구들은 본인의 삶의 경험들을 다시 돌아볼 필요가 있다. 초등학교에서 중학교, 고등학교에 이르는 전 과정에서 전교 10위에 들었었다고 취업에 성공하지 않는다.

컨설턴트	좋은 학교에 다니네. 학점이 몇 점이야?
취 준 생	4.5 만점에 4.43입니다.
컨설턴트	학점은 좋은데, 경력사항이나 사회활동이 부족하지 않아?
취 준 생	솔직히 학점에 신경 쓰느라 다른 것에 관심을 갖진 못했어요. 하지만 저는 제가 목표했던 학점을 만들었다는 점, 노력에 따른 성취감을 느낄 수 있어 만족해요.
컨설턴트	그건 그렇고. 취업을 하고 싶은 이유는 뭐야?

컨설팅 중 만난 고(High)스펙 의뢰자와의 대화다. 취업을 준비하고 있는데 학점은 높지만 특별히 한 것이 없어 고민인 지원자였다. 본인이 목표했던 학점을 만들기 위해 최선을 다했고, 그러다 보니 수업만 열심히 들었다. 동아리 활동이나 사회활동은 전무했다. 막상 4학년이 되어 취업을 준비하려니 뭔가 답답했다. 책과 동영상을 봐도, 그 누구의 이야기를 들어도 취업에서는 '경험'이 중요하다고 하는데 정작 아무런 경험이 없었다.

SKY 대학에 입학했고 이공계열이며 4.5 만점에 가까운 학점. 그뿐만이 아니다. 경제학 부전공과 토익, HSK도 고득점자이며 6개 언어가 가능한 친구였다. 스펙에 대한 부분을 듣는 내내 대단하고 부러웠다.

그런데 기업에서 스펙 높은 사람만 뽑는다면 채용 과정에서 서류전형과 면접전형이 왜 까다롭고 복잡해졌을지 생각해보자. '스펙은 스펙일 뿐'이다. 스펙은 실제 직무에 적용 가능해야 스펙으로의 가치가 있다.

학점과 토익 점수는 인사담당자가 보기에 열심히 공부했음을 보여줄 수 있을 정도면 된다. 기업 인사담당자들은 대체로 4.5 만점을 기준으로 3.6~4.2점의 지원자를 선호한다. 인사담당자는 지원자의 자기소개서와 면접을 보며 꼼꼼하게 다양한 부분들을 고려하니 학점에 연연하지 말자.

그렇지만 3.3점 이하로 낮은 경우라면 인사담당자에게 좋지 않은 선입견만 주게 된다. 학교에서 노는 데 더 시간을 보낸 것으로 판단할 수 있다. 그러니 학점 관리에 너무 소홀해서도 안 된다.

그리고 4.0 이상의 점수를 받았다면, 매순간 열심히 임해서 높은 점수를 받은 것을 어쩌랴. 다만 너무 점수에만 매달리지 말라는 것이다. R&D 관련 직무라면 학점이 높은 친구들의 경우 연구와 배움에 뛰어나고 연구실에 앉아 꾸준하게 매진할 수 있는 연구자의 태도를 엿볼 수 있기 때문에 좋다. 하지만 취업을 위해서는 성적을 낮추는 것이 필요할 때가 있다. 수치상의 우월함보다는 다양한 경험과 인적 네트워크가 더 중요한 역량으로 평가되는 기획, 영업, 마케팅 직무의 경우가 그 예다.

기업 채용 과정은 함께 일할 사람을 뽑는 과정이지 혼자 튀어 자신을 자랑하는 과정이 아니다. 좋은 학교를 나왔고 좋은 성적을 받았는데 믿어보라는 식의 어필은 역효과를 가져온다. 현재 기업에서는 더 이상 스펙 좋은 사람을 뽑는 채용 과정을 진행하지 않는다.

앞으로도 그렇겠지만 기업에서는 자신들과 생각과 비전이 비슷하고, 해당 직무에서 좋은 역량을 뿜낼 수 있고, 인성이 바르고 재치가 있어 함께 일하고 싶은 사람을 원한다.

위 대화에서 필자는 지원자에게 정말 취업이 하고 싶으냐고 물었다. 필자가 고스펙을 가진 지원자 모두에게 묻는 질문이다. 각자의 마음속에 나는 어떤 답을 할지 생각해보는 시간을 갖길 바란다.

1) 만약 마음속에서 나오는 답이 'No'라면 진로 재설정이 필요하다. 자신에게 솔직해질 시간이다. 혹시 부모님 혹은 외부의 압박에 의해서 공직자 또는 취업으로의 진로를 잡은 것은 아닌지 되돌아보자. 그리고 직업 다양성을 공부해보길 권한다.

대학을 졸업하고 사회에 나가는 순간 인생이 많이 바뀐다. '내가 하고 싶은 일을 했어야 하는데'라는 후회를 하지 않기 위해 깊이 있게 고민해보는 것이 좋다. 내가 진정으로 원하는 꿈과 미래를 잊지 않고 생각만 하고 있어도 언젠가 그것을 이룰 수 있는 때가 온다.

정말 공부가 좋았던 친구들은 직업의 다양성을 생각하면서 교수의 꿈을 가져보는 것은 어떨까. 대학원을 진학하고 또 다른 취

업의 길을 생각해보거나 교수로의 삶을 위한 인생 설계를 새롭게
하는 것은 어떨지 생각해보자.

 2) 마음속에서 나오는 답이 'Yes'라면 취업 준비에 올인하라.
그간 해보지 못한 경험들을 새롭게 해보면서 학업 외적인 또 다른
배움으로 성장해보자. 늦었다고 생각하지 않아도 된다. 남들보다
늦게 깨달은 학업 외의 배움과 성장은 오히려 절실함이 묻어나는
성장으로 느껴질 수 있다.

 인생에는 때가 있는데 그것은 '기회 또는 찬스(Chance)'라고도
불리며 각자의 인생에서 다른 모습으로 순간적으로 나타난다. 빠
르고 늦고는 없다. 그때, 그 기회, 그 찬스를 잡을 수 있느냐 없느
냐가 중요하다.

 그 능력의 밑거름은 바로 삶에서의 경험이다. 미친 듯 학업에만
전념했던 친구도, 성격상 새로운 경험을 시도해보기 힘들었던 친
구도 취업을 준비하는 지금, 새로운 경험을 겁내지 말고 도전하
자. 다가온 기회가 우리의 인생을 바꿔줄지도 모른다.

 더 이상 학교 이름과 학점 때문에 상심하거나 우쭐하지 않길 바
란다. 학점의 경우 3.5 정도면 적당하니 지금이라도 경험하지 못
했던 대학생활의 특권을 누려보라. 문화 활동을 시작으로 공모전,
동아리, 봉사활동 등도 좋다. 개인 취미가 있다면 카페에 가입해

서 스스로의 활동 반경을 열심히 확장시켜보길 바란다.

본인이 생각해도 학점이 턱없이 낮은가. 그런 학점을 사람들이 볼 때 어떤 느낌을 받을지 한번 생각해보자. 학교와 전공이 마음에 들지 않는다고 할지라도 최선을 다하는 모습을 보여줬으면 한다. 인사담당자도 그걸 바란다.

나만의 진짜 역량을 보여줘야 한다. 이제라도 중고등학교 다니듯이 대학교-집-학원의 순환을 끊고 사회에 나갔을 때 필요한 직무 경험, 스스로의 역량을 쌓아가는 시간을 갖자.

문과생들을 위한
진짜 현실

컨설턴트   취업을 준비하는 데 무엇이 가장 문제라고 생각해?

취 준 생   문과 출신이라서 취업이 힘들어요.

컨설턴트   그럼 어문계열이 아니라 이공계열을 전공했다면 취업이 쉬울까?

취 준 생   지금보다는 훨씬 나았을 것 같아요.

"문송합니다"라는 말이 있다. 문과라서 죄송하다는 말을 줄인 신조어다. 하지만 왜 문과라서 죄송한 걸까. 공대가 취업 깡패라고? 공대 학생들도 나름의 전략으로 취업을 준비하고 있다. 어학 능력과 경제관념, 인문학적 소양이 부족할 것이라는 선입견을 깨기 위해 어학과 기타 대외활동을 열심히 준비한다. 전문대 학생들

역시 4년제가 아닌 점을 보완할 자격증과 실무 경험들을 만든다.

일반적으로 이공계 지원자들이 취업이 잘 되긴 한다. 전문대도 마찬가지이다. 그들은 자신이 원하는 미래를 구상하고 그에 맞는 전문 지식을 배울 수 있는 학과를 선택한 것뿐이다. 그럼에도 그들의 취업시장 역시 직무 관련 스펙이 크게 작용하고 있다.

이공계열 학생들이 자신의 전공이 아닌 어문사회계열의 취업자리를 넘본다? 그들 10명 중 많아야 1~2명이 자신의 꿈을 찾아 전공과 상관없는 직무로 미래를 만들어간다. 그들 때문에 취업을 못한다는 것은 과장이다. 오히려 최근에는 반대로 어문사회계열 학생들이 어학 능력과 사회경제 통찰력을 갖추고 IT 프로그래밍을 배우거나 디자인을 배워 이공계열과 전문대 친구들을 위협하고 있다.

전문대 지원자들은 전문대 지원자들끼리 경쟁을 한다. 그러니 전문대 지원자라면 4년제 지원자들에게 밀린다는 어리석은 소리는 하지 말자. 오히려 전문 지식과 경험이 뒷받침된 전문대 지원자들이 취업 깡패니까. 그리고 어문계열이든 사회계열이든 이공계열이든 예체능계열이든 자신이 원하는 미래가 있어 선택한 전공 계열이다. 그렇다면 그 자리에서 최선을 다하면 꼭 취업이 아니더라도 미래를 위한 달리기를 할 수 있다.

먼저, 이렇게 취업 전문 컨설턴트로 활약하고 있는 필자는 무슨 학과 출신일까. 구호석 필자는 학생들을 교육하면서 "산업공학과라서 취업이 애매해요"라든가 "사학과인데 과 자체가 취업하기 힘들어요"라고 스스로 자신의 학과를 비하하는 많은 친구들을 보았다. 필자는 취업 컨설팅을 하고 있지만, 체육전공 출신이다. 필자는 이 업계에서 최선을 다해 노력한 결과 충분한 기회를 얻었고 일도 잘할 수 있게 되었다. 자신이 선택한 전공과 분야로 자신을 얽매고 스스로를 가둬두고 있는 건 아닌지 돌이켜보자.

최원준 필자는 소심한 문과 고교생으로 '수포자(수학포기자)'였다. 게다가 수능도 원하는 대학을 가지 못하는 성적을 받게 되었다. 어떻게 할지 고민하다가 학교 레벨을 낮추고 전문 자격증을 딸 수 있는 학과를 찾아봤다. 2007년 엠비정권의 토목 바람을 대비해 토목공학과를 선택하게 되었다.

입학 후 너무나 힘든 수업의 연속이었다. 공업수학, 물리학, 화학, 토목 전공과목들. 대학생에게 고등학생인 척하며 고교 수학2를 과외받기도 했다. 그 후 전공과목의 비전이 뚜렷하지 않아 대체할 방법을 구상했다. 최대한 다양한 교양과목을 듣기로 했다. 얕은 지식의 폭이 넓어졌다. 또한 창업에 도전하며 경영, 기획, 마케팅, 디자인, 유통, 영업 등 다양한 분야에 대한 공부와 경험을 하게 되었다. 소심했던 성격은 활발하게 변했다. 수도권 대학의 토목공학과 3.6점의 현실을 뚫을 수 있는 다양한 방법을 구상하고 실현했다.

필자는 고교시절부터 헤드헌터라는 꿈을 간직하고 있었다. 그 결과 대학생활의 경험들이 인사와 관련된 직업과 직장을 가져다 줬다. 필자의 장점은 말 그대로 넓고 얕은 지식이었고, 그것을 증명할 경험을 했다. 그것이 성공적인 취업을 이끌어주었다.

문과여서 어문사회계열로 대학 전공을 선택한 친구들, 이과라서 이공계열로 대학 전공을 선택한 친구들. 자신의 현실을 인정하고 미래에 대한 고민과 결정, 실천을 했다면 칭찬하고 싶다. 그러나 아무런 고민도 없이 결정도 실천도 하지 않고 흘러가는 대로 살아오고 현실을 부정하고 비난하려는 친구들이 있다.

우선 취업을 하고자 한다면 자신의 희망 직무를 확고히 하자. 그 후 최선을 다해 직무 관련 지식과 경험을 쌓자. 그 후에 현실과 사회를 비난하자. 그래야 우리가 미래 세대에 더 좋은 시대를 열어줄 수 있다.

희망 직무만 확고히 해도 취업의 길은 넓어질 것이다. 상대할 경쟁자가 거의 정해져 있으니까 말이다.

대부분의 친구들이 자신의 전공을 살리고 싶어 한다. 그렇기에 일반적으로 프로그래밍 또는 분야별 R&D 직무로 정했다면 인문계 지원자들이 건너오기 힘들다. 마케팅 계열 직무로 정했다고 해도 마찬가지. 공대나 전문대에서 전공 공부도 힘들기 때문에 경영, 마케팅, 디자인 관련 지식이 공부가 되어 있지 않고는 쉽게 넘어오기가 힘들다.

이렇듯 직무만 정확히 해두면 각자가 취업할 분야가 다르고 채용 과정도 달라서 한두 명의 스펙 깡패(스펙만 깡패인 친구들)만 이겨내면 충분히 취업이 가능하다. 그리고 누구나 아는 대기업 S사의 인사채용 관련 인터넷 홈페이지만 접속해도 분야와 채용 과정이 다르다는 것을 알 수 있다.

이전 챕터에서도 말했듯 직무와 전혀 상관없거나 자신의 역량을 직무와 연계시키지 못한 오버스펙은 무용지물인 경우가 많으니 걱정하지 말자.

스펙도 외모도 사회와 현실의 벽도 우리의 앞을 가로막진 못한다. 현실을 받아들이고 개척하려는 자세와 노력만 있다면 말이다. 우리가 느끼는 사회와 현실의 벽에는 분명 틈이 있고 샛길이 있다. 부딪히기 전에 겁먹지 말고 벽에 가까이 가서 보고 만지고 느끼면서 이겨낼 방법을 찾아내자. 벽이 아니라 어쩌면 커튼과 같은 것일지도 모른다. 커튼을 걷기만 해도 미래로 다가갈 수 있다.

취업에 전공은 큰 문제가 아니다. 자신의 강점을 제대로 파악하고 그걸 드러낼 방법을 찾자.

토익 950점보다
신경 써야 할 것

중국은 세계에서 손꼽히는 어마어마하게 큰 경제지역이다. 해외에서 가장 많이 사용되는 언어도 중국어라고 한다. 다만 통용되는 언어로는 아직 영어가 절대적이다. 그리고 일본의 경우 최근 한국 출신의 신입사원 수가 늘고 있는 추세다. 한국 지원자들이 취업난으로 인해 해외 취업을 생각하고, 일본은 한국 청년들의 열정과 끈기, 성실함에 놀라 서로 윈윈하고 있다.

우리나라는 일본, 중국, 미국과 외교적·경제적으로 많은 영향을 주고받는데 이에 따라 기업들도 3국과의 경제적 상호관계를 끈끈하게 유지하고 있다. 그래서 영어와 중국어, 일본어 중 하나의 외국어만 잘 구사해도 이 취업난을 이겨낼 수 있을 거라는 생각이 일반적이다.

　그렇다면 외국어만 잘하면 취업이 될까? 토익 점수 950점을 만들기 위해서 애를 쓰는 모습을 보면 정말 가슴이 아프다. 취업 준비를 하는 모든 친구들이 외국어는 어떻게든 점수를 올리려고 한다. 토익 점수 880점 받은 지원자들도 900점을 못 넘었다고 학원을 다니면서 공부를 하는 실정이다.

　그런 지원자들에게 희망 직무를 정했는지 물어보면 "직무가 뭐예요?"라고 답한다. 오히려 토익 720점 받은 지원자가 자신의 희망 직무에 대해 정확히 알고 관련 능력을 키워왔다면 그 지원자는 A급 인재로 인정받는다. 즉 A급 인재가 되고 싶다면 외국어에서도 필요 없는 오버스펙을 만들지 마라.

　최근에 필자는 지인의 취업 준비 과정에 대해 들었다. 그 지원자는 좋은 여대를 나와 높은 학점과 토익 900점을 넘긴 스펙을 갖고 있다. 하지만 지원했던 대기업은 떨어졌고, 상심해서 대기업 취업은 포기 상태. 그러나 '학교, 학점, 외국어는 되니까 대기업이 아니어도 어디든 괜찮은 데 연봉 많이 받고 갈 수 있겠지'라는 생각을 하고 있었다. 부모님도 마찬가지 생각을 하고 계셨다. 역시나 직무가 정해져 있지 않은 상태로 말이다. 사실을 말하자면 토익 990점 만점을 받아도 그런 경우엔 취업이 되지 않는다.

　또 다른 케이스로 과거 대기업 서류 전형에서 토익 점수 기준이

650점이었음에도 자신의 점수는 720섬이라고 지원을 하시 않은 지원자들이 있었다. 이유는 학교와 학점을 안 본다고 해도 토익이 720점이면 800점 이상 받은 지원자들한테 밀릴까 봐 걱정이 되어서였다.

토익 점수가 낮아서 채용될 희망이 없다며 아예 기회를 날려버리는 사람을 많이 봤다. 기업에 지원이 가능한 조건과 다른 역량을 보여줄 수 있는 기회가 공채모집과 상시모집으로 나와 있는데도 토익 점수 때문에 포기한다.

취업을 하면 실제로 외국어를 얼마나 많이 사용할까. 물론, 개인의 직무에 따라 중요할 수 있다. 외국어로 된 전문 서적 및 전문 용어를 많이 쓰는 R&D, 기획 및 마케팅 직무, 그리고 해외 출장이 많은 해외 영업, 여러 국가의 경제 흐름을 읽어야 하는 금융권, 방송 및 미디어 분야 등의 직무. 당신이 이런 일을 하고자 한다면 당연히 외국어는 필수 사항이다. 외국계 취업을 하고자 하는 지원자들도 마찬가지.

그런데 토익 고득점, 850점 이상의 점수를 가졌다고 해보자. 당신은 외국인과 영어로 대화가 가능한가?

대기업 S사의 경우 토익 650점 이상에서 최근에는 토익스피킹(토스) 등급을 보는 것으로 바뀌었다. 문법적인 시험으로 책정된 토익 점수보다는 '실전형 인재'를 가릴 수 있도록 하기 위함이다. 어느 정도의 토익 점수(650점 이상)와 함께 실제 업무에 활용할 수 있는 스피킹과 작문이 되는가를 분별할 수 있는 토스로 전형 내용이 바뀌었다.

다른 여러 기업에서도 토익 점수는 '아, 이 정도면 나름 열심히 했겠네' 정도로 보고, 일반 면접에서 간단한 영어 자기소개나 단순 질문을 영어로 답해보라고 한다. 인사담당자나 실무자는 실제로 업무에서 쓰이는 외국어 대화 수준으로 질문을 한다. 실무형 인재의 외국어 실력을 보기 위해 PT 면접을 업무상 필요한 언어로 진행하기도 한다.

외국어 조건은 당연히 지원한 직무마다 다를 것이고 기업의 외국어 사용 빈도에 다르다. 채용 공고와 기업 홈페이지를 보면 자격 사항에 필수 외국어가 나와 있고, 외국어 사용 빈도 같은 자세한 부분은 기업 분석 및 직무 분석이 필요하다.

결론적으로 희망 직무 및 기업을 정해야 자신이 필요한 수준의 영어공인점수와 스피킹 능력을 기를 수 있다.

쓸데없이 토익 고득점을 노릴 것이 아니라 실무 능력을 더 키워야 한다. 중국어 공인 등급은 높은데 중국 사람과 대화를 해본 경험도 없고, 면접에서 대답도 못하는 지원자는 뽑지 않는다. 영어는 잘하는데 파워포인트 한번 제대로 만들어본 적 없는 지원자를 기업에서 뽑을까. 일본어는 점수도 높고 대화도 잘하는데 전문 기사 자격증이 없다면 뽑을까. 이렇듯이 외국어 점수 따기보다 직무에 더 신경을 써야 한다.

이런 현실을 알고 직무에서 필요한 확실한 능력을 키우길 바라며 다음 대화를 한번 보자. 계속 서류전형에 탈락해서 찾아온 지원자다.

컨설턴트 　요즘 무슨 준비를 하고 있어요?

취 준 생 　이번 달 말에 있는 토익을 준비하고 있었습니다.

컨설턴트 　토익 점수는 잘 나온 편인데?

취 준 생 　800점이 나왔는데요. 저번에 지원한 세 곳 모두 서류에서 떨어졌어요. 아무래도 점수를 올려야 할 것 같아서 900점 넘기기를 목표로 공부를 하고 있어요.

컨설턴트 　토익 점수 때문에 떨어졌다고 생각하는 건가요?

취 준 생 　다른 동기들과 비교해서 부족한 것은 토익 점수밖에 없는데 떨어질 이유가 없다고 생각해요. 같은 과에 자격증도 비슷하게 갖고 있는데 A기업에 붙은 친구를 보니까 토익 점수가 900점 이상이더라고요.

이런 지원자들이 너무 많다. 당신이 떨어진 이유는 토익 점수가 아니라 가지고 있는 역량이 부족하거나, 역량이 뛰어남에도 입사 서류와 면접에서 드러나지 않아서가 아닐까?

토익 점수가 공채기준점 이상이라면 그 이상의 스펙은 사실상 무의미하다.

오버스펙을 만드는 열정을 다른 곳에 쏟아라. 특히, 서류에서 계속 탈락했다면 토익 준비하느라 자신이 가진 역량을 표현해낼 만한 사례를 만들지 못한 건 아닐까? 이를 고민해보고 생각해보는 시간이 필요하다.

취업을 준비하는 데 있어서 가장 중요한 것은 기업의 이익 창출을 위해서 지원자가 보탤 수 있는 역량과 열정이 있느냐다. 현실적으로 당신이 신입사원이 되었다고 했을 때, 바로 성과를 만들거나 기업에서 수익을 발생시키는 기발한 아이디어를 내고 신제품을 개발하는 게 아니라는 점을 알면 좋겠다.

이런 현실적인 얘기를 하는 것은 학점도, 토익도 완벽하게, 그리고 필요도 없는 자격증까지 준비하는 지원자를 보며 안타까운 생각이 들어서다. 토익 점수가 낮다고 걱정할 필요는 전혀 없다.

무턱대고 토익에만 열정을 쏟지 말고, 다양하고 새로운 도전을 경험해 청년기를 열정으로 뜨겁게 달궈라. 기업이 신입사원에게 바라는 것은 직무와 관련된 실무적인 능력과 신입사원의 열정이다. 토익 950점과 같은 오버스펙이 아니라는 점을 다시 한 번 강조하고 싶다.

무조건 많은 것이
답은 아니지만

이력서를 써봤다면 느꼈을 가슴 아픈 빈칸들. 그런데 중요한 것은
자격증의 수가 아니다. 하고 싶은 직무를 위한 기본적인 역량을
증명할 수 있도록 사전에 노력했느냐이다.

최근 직무 중심 채용 또는 실전형 인재 채용이 많이 자리 잡았
다. 지원자들이 싫어하는 인적성 검사를 보는 이유도 이런 이유이
다. 기업의 인재상을 띄워놓고 이에 맞는 공통적인 사항을 비교하
여 선발하던 과거와는 많이 달라졌다. 대기업들은 직무 에세이와
자기소개서를 통해 직무 관련 경험 및 역량을 보고 있다. NCS 제
도가 도입되고 공기업들도 마찬가지로 직무 역량에 포커스를 많
이 맞췄다.

직무에 대한 능력을 보여줄 수 있는 방법이 바로 자격증이다. 단 한 개가 있더라도 그 자격증에 맞는 능력을 어떻게 본인의 직무에서 활용할 것인가를 잘 쓰고 말할 수 있어야 한다. 특히 전문대의 경우 자격증이 실력을 증명해주는 중요한 요소라는 점을 알아야 한다. 아래는 전문대 졸업 지원자와의 대화다.

컨설턴트   자격증 칸에 쓴 것이 없네요?

취 준 생   다른 것들 준비하느라고 아직 따지 못했어요.

컨설턴트   다른 것들? 뭐 준비했어요?

취 준 생   이런 저런 활동도 하고 여행도 다녀오고요, 다시 오지 않는 시간이니까요.

컨설턴트   그럼 그것도 좋은 사례가 될 수 있을 것 같은데요? 어떤 것이 있나요?

취 준 생   음… 딱히 쓰라고 하면 쓸 건 또 없네요.

설마 자격증보다는 실력, 실무 능력이라고 우기는 건가? 조리사 자격증 없이도 이름난 셰프들을 보고 '나도 저렇게 될 수 있어!'라고 생각하는가?

증명서류 없이 성공한 사람들은 그럴 만한 이유가 있다. 어린 시절부터 맛있는 음식이 있다면 직접 찾아가서 먹어보고 그 맛을 내기 위해 노력해왔다. 한식, 중식, 양식 못하는 음식이 없다. 당신의 실무 능력도 그 정도로 평생에 걸쳐 무르익은 것인지를 생각해보자. 아니라면 자격증 공부가 답이다.

자격증은 기본적으로 자신의 인생을 대변하고 얼마나 노력하며 살아왔는지를 입증하는 결과물과도 같다. 간혹 민간자격증 한두 개를 가져오는 지원자들이 있는데 인사담당자에게 좋은 이미지를 주지 못한다. 그렇지만 다섯 개 이상의 민간자격증은 어쩌면 한 가지, 또는 다양한 분야를 배우고자 노력하며 살아왔다는 좋은 인상을 줄 수도 있다.

지금이라도 스스로에게 도움이 되고, 부족한 것을 메꾸는 경험들을 통해 자신을 꾸며갔으면 한다. 그 결과 노력과 성장을 게을리 하지 않는 사람임을 반드시 증명해 보일 수 있기를 바란다.

그런데 4년제 지원자들의 경우 워드프로세스 2급 자격증도 없는 친구들이 많다. 그런 건 자격증으로 치지도 않는다는 어처구니없는 생각 때문이다. 어쩌면 취준생들에게 자격증이란, 필요하다는 걸 알고 있음에도 불구하고 미루어온 것들이라고 표현하는 게 맞을 듯하다.

기업의 입장에서 생각을 해보자. 자격이나 실력을 증명하지 못하는데 어떻게 그 지원자를 뽑을 수 있을까?

자격증이 없어도 괜찮을 수 있다. 직무에 따라서 말이다. 일반 직무로 기획, 인사, 영업, 총무가 있다고 했을 때 자격증이 중요한 것은 아니다. 오히려 대내외 활동, 인적성에 대한 부분이 더욱 필요하다.

기획을 잘한다면 이를 어떻게 증명할까? 자격증이 있으면 좋겠지만 없다고 하더라도 대내외 활동 수상 및 참여 경험이 이를 대신할 수 있다. 영업을 잘한다는 것을 어떻게 증명할까? 해외여행에서 다양한 사람들을 만났고 그들과 소통하고 지금도 원활한 인적 네트워킹을 하고 있음을 보여준다면 공인점수 900점보다 나은 사람으로 인지될 수 있다. 일반적인 직무들의 자기소개서와 면접이 고차원적이고 어려울 수밖에 없는 이유이기도 하다.

직무가 경영 또는 경영기획이라면 "BEP(손익분기점)에 대해 설명 부탁드립니다" 정도의 기본 질문에 답할 수 있어야 한다. 취업 깡패라고 불리는 이공계, 일반 직무가 아닌 특수 직무에서는 꼭 필요한 자격증이 있고 없고가 문제가 될 수 있다. 그것이 전문 시장이 따로 있는 곳의 특징이다.

각자의 전공마다 기본적으로 하나씩 따는 자격증이 있다. 어문계열이라면 공인 외국어 점수가 그것이다. 그런데 토목공학을 전공한 필자가 건설업체로 가고 싶은데 토목기사 자격증이 없다면 관련 업계로 취업이 가능했을까? 소프트웨어학과를 전공한 친구가 소프트웨어 개발 직무로 가고 싶은데 관련 자격증이 하나도 없다면? 의료기기 업계에서 R&D 연구개발을 잘할 수 있다고 증명하고 싶은데 무엇으로 그걸 증명할까?

쉽게 말해서 타인(인사담당자)에게 나의 실력을 객관적으로 증명하기 위해서 자격증이 필요하다. 특수 직무에서는 직무 관련 필수 자격증이 우선이고, 인성이 따라줘야 한다. 추가적인 자격증들은 거들 뿐이다. 자격증 수에 연연하지 말자.

남들도 다 따는 기본 자격증인데 그게 실력으로 증명이 되느냐고 묻는 친구들이 간혹 있다. 그런 생각을 갖고 있는 친구들은 남들 다 따는 기본적인 것도 따지 못한 것에 대해 어떻게 말할 것인지 생각해보길 바란다.

영어과를 전공했는데 토익이 700점이라면 인사담당자는 어떻게 생각할까. "영어과인데 토익이 800점도 안 되네요. 특별한 이유라도 있나요?"라고 물어나 보면 다행이다. 어쩌면 대부분 묻지도 않고 '이 지원자는 기본 과정에 대한 수행 능력이 부족하군'이라고 생각한다. 성급한 일반화일 수 있지만 인사담당자의 입장에선 어쩔 수 없는 부분이다.

중소기업이면 더욱 그렇다. 소규모의 중소기업은 전문 인사팀이 없는 경우가 많기 때문에 채용담당자는 전문적인 시스템 없이 빨리 객관적인 부분들을 체크할 수밖에 없다.

시간의 여유를 가지고 취업 준비 기간이 오기 전에 자격증을 미리미리 준비하자. 저학년인 경우에 취업을 위해서 자격증을 따지 말고 '나는 이런 능력이 있구나'를 스스로에게 증명하기 위해 자격증을 취득해보자. 자격증으로 그 능력이 스스로에게 증명되면 자신의 희망 직무를 확립하는 데에도 도움이 된다.

자격증이 많은 것이 답은 아니다. 그러나 다양하게 준비한 자들과의 경쟁에서는 밀릴 수밖에 없다. 밀리기 싫다면 미리 다양한 경험과 자격증 공부를 해야 한다. 일반 직무든 특수 직무든 능력과 경험이 다양한 사람이 뽑힐 테니까 말이다.

결국 취업에서는 자격증보다 더 중요한 것이 직무 설정일 수 있다. 그 직무에 맞는 자격증과 경험을 필요로 하기 때문이다. 직무 설정은 나의 성격, 나의 장점, 내가 잘하는 것, 내가 좋아하는 것 등을 고려해야 하고, 이는 곧 '나에 대한 복습'이다.

"편의점 알바 3개월"?
이력서에 필요한 '화장발' 이란

이력서에서 가장 중요하다고 생각되는 부분이 바로 경력사항이다. 그 이유는 직무와의 연계성 때문이다. 점점 직무와의 연계성을 중요시하고 실전에 바로 투입될 수 있는 인재를 원하고 있다. 그렇기 때문에 직무 역량을 보여줄 수 있는 경력사항을 최대한 많이 보여주는 것이 좋다.

그런데 자신의 직무 역량을 보여줄 수 있는 경력사항을 물어봤을 때 "경력이 없어요"라고 이야기하는 지원자가 너무도 많다. 그리고 좋은 경험을 갖고 있음에도 어처구니없이 작성하는 지원자들도 많다. 필자는 예전에 이력서에 적을 게 너무 많아서 뭘 적어야 하나 싶었다. 그럼에도 지금 그때의 경력사항을 보면 읽기만 좋은 것들을 적었구나 싶다. 그러니 경력이 없다고 하지 말 것, 있어도 이상하게 적지 말 것, 읽기에만 좋은 경력은 쓰지 말 것을 권한다.

경력사항을 적을 때도 역시 자신에 대한 복습이 필요하다. 내가 그동안 어떤 일들을 해왔는가를 잘 생각해보자. 이 역시 정리가 되어 있다면 쓰기 쉽다.

그런데 스스로 경력이 없다고 생각하는 지원자, 아마도 지원자가 생각하는 경력은 정식적인 입사 경력일 것이다. 신입사원으로 지원하는데 무슨 경력이 있을까. 이력서 양식에 따라 다를 수는 있지만 인턴이나 아르바이트를 해본 경험이 있다면 경력에 적어야 한다. 만약 이력서에 대외활동 사항이 따로 있다면 공모전이나 봉사활동을 적으면 된다. 나눠져 있지 않은 양식이라면 이런 사항들 모두 경력사항에 적으면 좋다. 이력서의 빈칸을 최대한 채울 수 있도록 새로운 경험들을 하자.

그리고 경력사항과 대외활동이 나눠져 있을 때 자신의 경험을 어떻게 분류해야 하는지 모르는 지원자도 많다. 쉽게 구분해보자. 경력사항은 기업 또는 업체로부터 일정 기간 동안 일하며 경제적인 수익을 얻은 것으로 구분하라. 아르바이트나 인턴 같은 경우이다. 이외에 수익 없이 임했던 봉사활동이나 프로젝트, 공모전, 교환학생 등은 대외활동으로 작성하면 된다.

경력사항에 적을 만한 좋은 경험을 사소한 일로 생각하고 자신의 경험을 과소평가 하는 친구들이 많다. 앞에서 말했듯이 그 경험들이 자신이 희망하는 직무와의 연계가 되어 있는지가 중요하다.

편의점 아르바이트, 과연 좋은 경험일까? 좋다고 생각한 친구들은 직무와 연계되어 있다고 생각하기 때문일 것이다. 안 좋다고 생각한 친구들은 직무와 연계가 없기 때문이라고 생각할 것이다. 그 판단이 옳은지 그른지 모르겠다면 직무에 대한 구체적인 정보를 우선 파악하고 자기 경험의 구체적인 내용과의 연관성을 잘 따져보길 바란다.

예를 들어 인사 직무를 하고 싶은 경우를 생각해보자. 인사 직무는 교육적인 면, 사람들과의 커뮤니케이션, 상사와 부하직원들의 이해관계 등을 잘 고려할 줄 알아야 하는 게 기본이다.

그렇다면 리더십이 강한 사람과 팔로워십이 강한 사람 중 누가 더 좋을까? 리더십이 있는 사람이 더 좋다. 그중에서 커뮤니케이션이 강한 사람이 있고 통솔력이 강한 사람도 있을 것이다. 커뮤니케이션 능력쪽을 자신의 과외 경험을 통해 어필하고 싶다면, 과외를 하면서 교육을 어떻게 했는지 구체화하라. '커뮤니케이션이 뒷받침된 리더십으로 학생의 진로에 맞게 성적을 대폭 향상시켰다'라고 하는 과외 경력은 좋은 경험이 된다.

즉, 직무에서 필요한 역량이 구체적으로 무엇인지 파악해보길 바란다. 채용 공고 내용과 기업 홈페이지에 있는 '인재상'을 보고 그에 맞는 경력이 있는지 살펴보면 간단하다.

　이력서는 면접의 기초 질문거리가 되기 때문에 회사명만 좋아 보이는 일을 적으면 안 된다. 작은 중소기업에서 또는 편의점에서 아르바이트를 했더라도 그 안에서 어떤 일을, 어떻게 일했는지 세부적인 경험 내용을 적어 직무 역량을 보여줘야 한다.

　공통 역량 또는 직무 역량을 보여줄 수 있는 좋은 경험을 판단해서 적는다고 무조건 잘한 것일까? 그건 아니다. 좋은 경험을 했음에도 어떻게 '화장발'을 입히느냐에 따라 못난 경험과 좋은 경험으로 구분될 수 있다.

　업체명에 OO편의점 알바, 기간 3개월, 세부내용에는 아르바이트 또는 포스 및 매장관리 정도로 끝냈을 것이다. 요즘 보면 정보력이 좋아서 좋은 업체를 골라 아르바이트를 하곤 하는데 G편의점이라고 했을 때 그 상위 그룹명이 있다. 그런 정보를 얻어 "B그룹 G편의점 OO지점" 정도로 적으면 좋다.

　대부분의 아르바이트들은 모기업이 있는 경우가 대부분이다. 업무내용도 마찬가지. 단순하고 포괄적인 업무내용은 읽어볼 가치가 없다. 여기서도 직무와 관련된 경험을 보여줄 수 있도록 기간, 업무(프로젝트명과 실제 업무), 직책(임무) 등을 꼼꼼하게 기술해주는 것이 좋다.

　이것저것 잘했다고 하더라도 지원하는 회사와 직무에 맞지 않는 내용은 과감히 생략하자. 직무와 관련이 있는 내용을 디테일하게 작성해야 한다. 이것이 경력사항을 튜닝하는 '화장발'의 기술이다.

영업을 하고 싶다고 했을 때 실제 영업을 해본 경험이 없더라도 아르바이트나 공모전을 하면서 했던 일을 디테일하게 얘기하자. 공모전의 시장조사를 위해 진행했던 교내외 설문 조사 과정을 예로 들어보겠다. 여러 사람들과의 눈 맞춤, 커뮤니케이션, 그리고 설문을 받아주지 않는 사람을 대했을 때 느낀 감정 등. 이것은 매우 좋은 경험이다.

경력사항에 공모전 과정 중 대내외 설문을 통한 시장조사를 했다는 경험을 중점으로 적어주면 좋다. 그러면 면접에서도 공모전 내용과 결과보다는 시장조사 설문 과정에서 영업 직무와 관련이 있는 구체적인 경험을 중점으로 자연스럽게 얘기할 수 있을 것이다. 그렇게 되면 좋은 답변이 가능해진다.

온갖 경험을 이것저것 다 쓰면 자신이 열심히 산 것이 증명된다고 생각하는 경우가 있다. 그런데 실제로 그런 이력서를 보면 오히려 한 가지 일에 책임감이나 주인의식이 없이 자주 이직했다는 생각이 크게 자리 잡기 마련이다. 더 깊이 생각해보고 지원 기업과 희망 직무와 관련된 내용을 중점적으로 작성하자.

전략적인 경력 작성이 힘든 경우는 그 경험이 적어서일 텐데, 그럴수록 경력튜닝이 필요하다. 마구잡이식 과대포장이 아니라 사소했던 경험이더라도 그 안에서 기업의 인재상과 희망 직무에서 필요로 하는 역량을 보여줄 수 있도록 말이다.

그렇게 했는데도 빈 공간이 있다면 지금 당장이라도 경험을 위해 밖으로 나가자. 이력서의 빈 공간을 채우기 위해서가 아니다. 그 도전을 경험하면서 느낄 감동과 좌절, 실패와 성공, 그 안에서 성장하는 지원자가 되길 바라기 때문이다. 그 성장의 길이 취업이라면 '희망 직무와 관련된 경험'을 해보길 바란다.

자기소개서에 쓰면
유리한 경험은 무엇일까?

취업 준비에 실질적으로 필요한 경험들이 있다. 입 아프게 얘기하지만, 직무와 관련 있는 경험이 필요하다. 직무가 정해져 있지 않다면 경험은 무의미해진다.

예를 들어 자격증을 따는 시간도 역시 경험이라고 볼 수 있는데 직무는 정하지 않은 채로 전공이 토목공학과라서 토목기사를 땄다고 가정해보자. 다섯 개 과목을 공부하려면 시간과 노력이 많이 든다. 준비를 해본 지원자들은 얼마나 힘든지 알 것이다. 그렇게 자격증을 따고 졸업할 때가 되어 취업 준비를 하려는데 다들 직무가 중요하다고 말한다. 그래서 생각해보니 경영·기획이란 직무에서 일을 하고 싶다?

이 상황에서 4년 동안 배운 전공과 기사 자격증은 어떻게 활용할 수 있을까. 희망 직무에 대한 전문성과 실력, 경험, 역량이 보이지 않는데 회사에서 당신을 뽑아줄까. 차라리 창업을 도전하는 것이 도움이 되지 않았을까.

반대로 조금 늦었지만 3학년 때라도 직무를 정했다고 가정해보자. 똑같이 경영·기획으로 말이다. 그럼 다양한 방향으로 1년 반 정도의 시간을 어떻게 활용할지 계획할 수 있다. 경영과 경제 공부를 어떻게 시작해볼까, 부전공을 들어볼까, 경제 스터디나 창업 동아리에 참여해볼까, 공모전을 해볼까 등.

이렇게 직무 설정은 취업 준비에서 매우 중요하다. 돛단배가 순풍을 만나 바르게 전진하려면 목표가 필요하다. 취업에서는 직무가 바로 그 목표가 되어준다.

앞으로도 취업 준비 과정에서 지원자의 경험은 사례 정리로 자주 나오게 될 것이다. 자기소개서나 면접에서 지원자는 자신이 말하고자 하는 바를 증명할 수 있어야 한다. 그때 근거로 자신의 경험을 예로 드는데 이를 사례로 증명한다고 이해하면 된다.

그런데 자신들의 경험이 뭐가 있는지도 모르고 좋은지 나쁜지도 판단이 안 돼서 사례가 적절치 못한 경우가 많다.

__컨설턴트__ 자신의 장점이 뭐라고 생각하나요?

취 준 생 다양한 경험이 장점이라고 생각합니다.

컨설턴트 어떤 경험을 했지요?

취 준 생 아르바이트도 하고, 공모전에도 나가봤고, 1년 정도 학생회 활동도 했어요.

컨설턴트 다양한 경험을 통해 본인의 어떤 역량을 보여줄 수 있었나요?

취 준 생 아르바이트를 하면서 고객 서비스 마인드를 익혔고, 공모전을 통해서 창의적인 생각과 아이디어를 개발해봤고, 학생회 활동을 통해서 리더십을 키웠다고 생각해요.

컨설턴트 그렇구나. 그럼 아르바이트를 해본 대학생, 공모전에 나가본 경험이 있는 대학생, 학생회 활동을 해본 대학생이 얼마나 있을까요?

취 준 생 엄청 많을 것 같아요.

자신이 특별하다고 생각하는 경험들이 남들에게는 그다지 특별하지 않고 평범한 경험으로 여겨지는 경우가 의외로 많다. 사람이 지닌 사회적인 능력의 한 요소로 공감 능력이 있다. 그 좋은 공감 능력이 오히려 취업에서 사례를 얘기할 때 역효과를 가져온다.

예를 들어 면접 중에 지원자는 특별한 경험이었던 해외여행 스쿠버다이빙을 얘기했다. "저는 발리에서 스쿠버다이빙을 했던 경험이 가장 기억에 남습니다." 그 내용을 듣는 순간 면접장에 있는 인사담당자와 옆 지원자들은 자신들의 비슷한 경험을 자동적으로 떠올린다. 그렇다면 스쿠버다이빙이라는 사례 안에서 특별한 교훈이나 특이점을 자세히 얘기해줘야 한다. 그렇지 않으면 다른 사람들은 '뭐야, 비슷하네' 정도로 느끼고 말 수도 있다.

경험이 많다고 좋은 게 아니다. 즉 어떤 경험에서 어떤 디테일한 내용을 얘기하느냐가 중요하다. 그런데 어떤 내용을 디테일하게 얘기하느냐 정도에서 끝나서는 안 된다. 대내외 활동을 했다고 했을 때 그 활동을 하는 동안 자신이 어떤 성과를 만들어냈는지 자세히 얘기해야 더 의미가 있다. 한 가지 문제 상황에서 사람마다 이를 대처하는 방법이 모두 다르기 때문이다.

덧붙여 자신의 어떤 역량과 성격으로 인해 그런 행동과 결과를 냈는지 더욱 디테일하게 보여줄 수 있다면 아주 좋은 사례가 된다. 인사담당자가 가장 궁금해하는, 당신의 역량 및 성격을 증명할 수 있기 때문이다. 그렇다. 인사담당자가 가장 궁금한 건 바로 '당신'이다. '당신'이 궁금해서 이력서와 자기소개서를 보고, 더 궁금해져서 면접에 부른 것이기 때문이다.

결론적으로 취업을 하려는 지원자들에게 어떤 경험이 좋은 경험일까? 현실적인 답변을 하자면 희망 직무와의 연계가 가능한 경험이 좋은 경험이다.

공모전도 마찬가지다. 공모전에 나간 것이 중요한 게 아니라 어떤 공모전에서 어떤 역량을 통해 어떤 성과를 냈는지가 중요하다. 또한, 본인의 역할은 무엇이었는지 체크해보고 리더 또는 팔로워로 임했는지도 정리해보자. 이러한 내용 정리는 자기소개서 파트 중 사례 찾기 챕터에서 자세히 다루도록 하겠다.

순진하게 쓰면
큰코다친다

당신은 이력서의 취미와 특기란에 뭐라고 작성했는가. 운동, 축구, 음악 감상, 독서, 잠자기 이런 것들. 인사담당자 눈 밖에 나기 아주 좋은 답변이다. 취미 특기를 대충 적었다면 지금이라도 집중해서 고쳐야 한다. 어떻게 적느냐에 따라 인사담당자가 무시하고 넘어갈지, 대충 훑어보다가 다시 눈길을 줄지가 결정된다.

스펙, 경력, 모두 평범하다고 생각되는 지원자라면 이력서 사항 중 맨 마지막 사항인 취미와 특기에서 반전을 꾀하여보자.

<u>컨설턴트</u>　취미와 특기에는 뭐 쓸 거예요?

<u>취 준 생</u>　취미 특기 둘 다 운동입니다.

컨설턴트	모든 운동을 잘하나요?
취 준 생	다 잘하는데 특히 구기 운동을 잘합니다.
컨설턴트	그럼 테니스도 잘 쳐요?
취 준 생	테니스는 쳐본 적 없는데요?
컨설턴트	구기 운동은 다 잘한다면서요?

취미와 특기를 아무 생각 없이 쓰고 있는 지원자들. 이력서에 칸이 있어서 그냥 쓰는 건가? 취미와 특기도 본인을 어필할 수 있는 좋은 기회라는 것을 왜 모를까? 지원자의 취미가 수영이고 특기가 사진 촬영이라고 한들 인사담당자가 궁금해할까?

궁금하지 않다면 궁금해지게 작성을 해야 한다. 사례를 디테일하게 얘기해야 하는 것처럼 이력서의 내용들도 디테일하게 작성해야 한다. 위의 대화처럼 운동을 좋아한다고 쓰는 건 문제가 있다.

독특한 취미나 특기는 면접 때 질문으로 나올 수 있으니 잘 생각해서 작성하라. 노래나 춤같이 면접 장소에서 확인이 가능한 내용도 가급적이면 피하거나 시켜볼 수도 있음을 고려해 적어야 한다. 예를 들어 특기에 농담 또는 유머라고 써놓고 실제로 면접관을 웃기지도 못한다면 어떻게 될까?

또한 취미와 특기에 같은 내용을 쓰지 않는 것은 기본이다. 취미란 무엇이고 특기란 무엇인지 알면 당연하다. 먼저 취미란 사전적으로는 전문적으로 하는 일이 아니라 즐기기 위해서 하는 일이다. 무언가에 감동이나 감흥을 느끼고 마음이 가는 일들, 사람마다 분야도 다양하고 이유도 다양하다. 반면 특기란, 사전적으로는 남에게 없는 특별한 기술이나 기능이다.

내용을 쓸 때는 취미와 특기 모두 '디테일'하게 써야 한다. 자세히 써보자. 취미 특기에 운동이 아니라 취미에 축구, 특기에 풋살 드리블 같이 작성하는 것도 좋다. 또는 드럼을 취미로 하고 있고 특기를 작곡이라고 작성해보자. 왜 다르게 써야 하는지, 왜 디테일하게 써야 하는지 이해가 갈 것이다.

실제로 컨설팅 중 한 여학생이 대기업 P사에 지원하는데 특기에 '킥복싱'을 적었다. 그녀는 체육관에 다니고 있었고, 킥복싱에 '소질 있다'는 이야기를 들었다고 한다. 이 친구가 지원한 P사는 철강회사로 강한 체력과 의지의 지원자를 원했다. 그래서 그것을 보여줄 수 있는 킥복싱을 특기에 작성했다. 그것이 주효했고 역시 질문이 들어왔다. 지원자는 관련 질문의 답변을 준비해뒀기에 좋은 답변을 할 수 있었다. 이처럼 작은 부분에서의 디테일한 작성은 다른 지원자들과의 차별점을 줄 수 있다.

더 좋은 방법은 취미와 특기를 같은 분야가 아닌 다른 분야로 작성하는 것이다. 특히 하나를 동적인 내용으로 썼다면 다른 하나는 정적인 내용을 적어주는 방법이다.

예를 들어 취미는 동적인 활동으로 사이클이고 특기가 정적인 느낌의 작곡이라면 어떨까? 아무래도 활동적이면서도 차분한 성격을 두루 갖추고 있는 사람일 것 같다는 생각이 든다. 아직 취미나 특기가 없다면 이렇게 해보자. 자신의 성향이 동적이고 활발하다면 정적인 활동을 해보고, 정적이고 소심하다면 동적인 활동을 해보길 바란다. 취미와 특기가 무엇이든 상관없으나 동적인 내용과 정적인 내용으로 나눠 구체적으로 작성하자.

취미와 특기를 잘 작성하면 본인 어필이 가능해진다. 왜일까? 남들과 다르게 자세히 적은 취미 및 특기는 인사담당자의 시선을 끌게 된다. 당연히 당신에게 질문을 한다. 예를 들어 취미에 볼 리프팅(Ball lifting)이라고 작성을 했다면 축구에 관심이 있든 없든 궁금할 것이다. 볼 리프팅이 어떤 취미인지, 어떤 계기로 하게 되었는지, 왜 취미로 하고 있는지, 얼마나 많은 개수를 오래할 수 있는지 등을 물어볼 것이다.

어떤 질문이 나올지 어느 정도 구체화가 되면 지원자가 해야 할 일은 답변 준비다. 답변을 준비할 수 있다는 점은 가장 큰 장점이다. 잘 쓴 취미와 특기로 인사담당자의 시선을 끌고, 따라올 예상 질문에 대한 답변을 준비하여 본인을 어필할 수 있다.

참고로 볼 리프팅은 저글링과 비슷한데, 공을 지면에 떨어뜨리지 않고 계속 튕기는 것이다. 이때 인사담당자가 그 계기를 질문했다면 '축구를 좋아하는데 경기 중 특히 볼 트래핑을 중요시한다. 볼 트래핑을 잘하려고 볼 리프팅을 연습하게 되었다'라고 답할 수도 있다. 연속 가능 개수나 시간 등 실력을 물어본다면 '300개 정도는 기본이고 저글링 기술들을 몇 가지 활용할 줄 안다'고 답변할 수도 있다. 그런데 미안하지만 이런 답변만 한다면 면접에서 떨어질 것이다.

취미 특기 관련 질문에 대한 답변을 간단히 한 후에는 자신의 성격이나 장점을 어필해야 한다. 그리고 그 성격과 장점이 직무나 회사생활에서 어떻게 발휘될지 얘기해야 좋은 답변이 된다.

예를 들어 '리프팅을 200개 하는 과정에서 꾸준한 연습을 통해 승부욕이 발휘되었고, 이런 꾸준함과 승부욕은 직무를 수행하는 과정에서 생기는 어떤 문제도 끝까지 해결할 수 있는 능력이 될 것이다' 정도의 답변만 준비해도 좋다. 거창한 답변이 아니더라도 말이다.

인사담당자가 취미 특기를 물어보는 이유는 다양한데, 결코 취미와 특기 그 자체가 궁금한 게 아니다. 왜 그런 취미와 특기를 갖게 되었는지 배경과 능력, 활용도가 궁금한 것이다.

이력서에서 시선을 끌지 못했다고 하더라도 면접에서 취미와 특기에 대한 답변으로 본인을 어필할 수 있음을 기억하라. "평소에 스트레스를 어떻게 푸시나요?", "개인 시간에는 무엇을 하며 보내시나요?" 등의 질문이 그렇다.

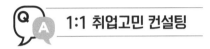

1:1 취업고민 컨설팅

Q4. 인문계 여성 지원자는 **사기업 정규직 취업에 불리한가요?** 학벌이나 스펙으로 밀리지 않는데 떨어집니다. 혹시 취업에 유리한 직군이 있다면 무엇인가요?

- 인문계 여성 지원자가 사기업 정규직 취업에 불리한 점은 있지만 반드시 그런 것만은 아니라는 이야기를 드리고 싶습니다. 기업은 첫 번째, 오래 다닐 수 있는 사람을 뽑고 싶어 합니다. 두 번째, 조직 안에서 소통을 잘하고 협력해서 성과를 내는 사람을 찾고 싶어 합니다. 세 번째, 출장이나 늦은 시간 야근 같은 어려운 업무가 주어진다고 해도 문제없이 처리할 수 있는 사람을 쓰고 싶어 합니다.

그런 면에서 여성 지원자에 대해 출산의 문제가 있기 때문에 오랫동안 일을 하지 못한다는 선입견을 가지고 있는 기업 입장에선 선뜻 결정하기 쉽지 않다는 것이 있습니다. 또 남자는 군대를 다녀오면서 수직적인 조직생활을 경험해본다는 일반적인 관념 때문에 여성 지원자가 그 부분에 불리한 경우가 있습니다. 또한, 대한민국 대부분의 대기업은 제조업을 통해 성장한 경우가 많아 인문계보다는 생산라인에서 일할 수 있는 이공계를 선호하는 상황입니다.

- 위와 같은 이유 때문에 여성 지원자의 경우 협업을 했던 경험을 많이 보여주시는 것이 좋습니다. 동아리활동이나 대외활동 등의 사례를 통해서 단체활동을 많이 경험했다는 것을 적극적으로 어필해야 합니다.

학교에서 해야 하는 팀 프로젝트나 수업과 같이 필수적으로 해야 하는 활동이 아닌, 자발적인 참여를 했던 활동에 대해서 어필하시는 것이 좋습니다. 출장이나 갑작스러운 야근 같은 부분도 문제없이 해결할 수 있다는 식의 이야기가 아닌 사례와 스토리로 풀어나가야 할 것입니다.

• 여성이 취업하기 좋은 직무로는 재무, 회계, 총무 등 꼼꼼하고 디테일한 사람들이 필요한 직무를 선택하는 것이 도움이 되며, 직군으로는 금융권, 서비스 등과 같은 직군에서 남성보다는 여성에 대한 채용이 더 많이 열려 있다고 생각하셔도 됩니다.

실제로 서비스직이나 지금 우리가 하고 있는 취업 컨설턴트, 강사 같은 경우에도 남성보다 여성이 훨씬 더 많습니다. 강의 내용이 무엇이 나에 따라서 다르겠지만, 여성에 대한 선호도가 높은 것은 사실이기 때문에 사기업 정규직이 쉽게 기회로 다가오지 않는다면, 먼저 작은 기업 계약직이나 일반 사무직에서라도 경험을 쌓아 경력직 지원이나 다른 직군으로 방향을 전환하는 것을 제안해봅니다.

Q5. 지방대 출신으로 전공과 상관없는 대기업 취직 가능할까요? '인서울' 대학 출신 지원자보다 어떤 노력을 더 하면 좋을지 알고 싶습니다.

• 지방대 출신으로 전공과 상관없이 대기업에 취업을 한 예는 많이 있습니다. 물론 특수직무의 경우도 있으며, 저 역시 그렇게 취업이 된 케이스입니다. 기업에서 '인서울' 대학생들을 선호하는 것들은 기본적으로 성실하다는 인상을 받기 때문입니다. 대한민국의 분위기상 초, 중, 고

등학교를 다니면서 가장 큰 목표로 삼는 것이 좋은 대학을 갈 수 있느냐 없느냐입니다. 그 이후에 취업이나 진로에 대한 생각을 하는 경우가 많지요. 그래서 출신학교를 머리가 좋다 나쁘다의 개념이 아닌, 학생으로서 본분을 다하여 열심히 했느냐, 그 시절 해야 할 일에 충실히 임했느냐에 대한 증거로 생각하는 것이 지금까지의 사고였다고 생각합니다. 하지만 결코 지방대 출신들이 부족한 것이 아니고 상황이 어쩔 수 없어서 선택할 수밖에 없는 사람들이 있다는 것을 알고 있습니다. 기업들도 학교 성적과 회사에서 일하는 것은 다르다는 것을 알고 최근에는 구인 과정에서 숨겨진 역량을 찾아내기 위해 노력하고 있습니다.

• 지방대 출신으로서 가장 먼저 해야 하는 것은 조직에서 본인이 잘했던 내용을 사례를 통해 정확하게 밝히는 일입니다. 누구나 할 수 있는 그런 일이 아닌 솔선수범해서 했던 일, 그런데 그것이 본인의 학교에 국한된 것이 아니면 더 좋습니다.

학교를 옮길 수는 없다고 하나 동아리활동이나 대외활동은 충분히 선택할 수 있습니다. 그렇기 때문에 취준생들에게 서울 지역에서 대외활동이나 전국동아리 서울지부 활동 등을 해보라고 합니다. 지역이 서울인 게 중요한 것이 아니라 먼 거리임에도 불구하고 성실하게 참여한 것이나 누가 보더라도 의미 있고 고생스러울 수 있는 활동에 참여한 것이 중요합니다. 대학은 지방대를 갈 수밖에 없는 상황이지만, 역량이나 실력은 절대로 뒤지지 않음을 증명하시는 게 큰 도움이 됩니다.

• 취업 트렌드가 변하고 있다고는 하지만, 인사담당자들의 보수적인 생각은 쉽게 바뀌지 않을 것입니다. 나를 뽑아주는 사람들이 바뀌지 않는다면 내가 바뀌야 하는 것이 맞다고 생각합니다. 블라인드 채용이나 능력 중심의 NCS 채용이 도입된다고 해서 기업이 바로 바뀔 것이라 기대하고 블라인드 채용인데 왜 지방대를 뽑지 않느냐며 한탄하기 전에 스스로가 좀 더 활동적으로 바뀌는 게 더 빠른 성과가 나올 것이라고 생각합니다.

PART 4
자기소개서

시선을 붙잡는
무적의 자소서 쓰기

합격하는 지원자의
'인재상' 사용법

취업 준비를 하면서 '인재상'에 관한 이야기를 들어봤을 것이다. 기업의 인재상이란 회사의 비전이나 목표를 달성하기 위해 직원들에게 요구하는 모습(To be)이며 회사마다 인재상이 다르듯 기업 문화도 다르다. 그런데 혹시 자기소개서를 작성하면서 기업에서 원하는 인재상에만 맞추느라 자신의 능력을 100퍼센트 보여주지 못하지 않았나 생각해볼 필요가 있다.

어쩌면 자기 실력의 절반도 발휘할 수 없는 직무 또는 기업일 가능성이 있다. 그런 곳에는 취업하면 안 된다. 성장이란 자신의 능력을 100퍼센트 이상으로 발휘, 101퍼센트로 활용할 수 있는 순간을 말하기 때문이다.

'프로크루스테스의 침대' 이야기를 아는가? 프로크루스테스는 그리스신화에 나오는 노상강도 악당이다. 그 이름의 어원은 '잡아 늘이는 자'이다. 무슨 사연일까.

포세이돈의 아들로 알려진 프로크루스테스는 아테네 인근에 있는 케피소스라는 강가에 살았다. 그는 이 근처에 여인숙을 차리고 찾아온 손님들을 쇠로 만들어진 침대에 눕혔다. 그곳에는 큰 것과 작은 것, 두 개의 침대가 있었는데 키가 작은 사람에겐 큰 침대를 주고 키가 큰 사람에겐 오히려 작은 침대를 내어주었다.

여기서부터 그는 악당의 모습을 보이기 시작한다. 작은 사람의 경우 큰 침대가 맞지 않는다. 프로크루스테스는 손님의 몸을 침대에 맞게 잡아 늘려 죽였다. 반대로 키가 큰 사람의 경우엔 침대 밖으로 튀어나온 머리나 다리를 톱으로 잘라 죽였다. 그러다가 테세우스라는 인물이 이 여인숙에 찾아가 같은 방식으로 침대 밖으로 나온 프로크루스테스의 머리를 잘라 죽였다.

무시무시한 이 이야기는 '프로크루스테스의 침대'라고 하는, 자신의 원칙과 기준을 고집하면서 다른 사람의 생각을 억지로 자신에게 맞추려는 잘못된 태도를 이르는 말이다.

취업 과정에서 기업의 인재상을 자기소개서에 억지로 끼워 넣는 지원자들을 보면 답답하다. 자신의 능력을 객관적이고 현실적으로 바라보고, 그에 맞는 기업을 고르는 것이 중요하다. 무작정 인재상에 맞춰 쓰느라 자신의 능력을 버리지 말자.

기업에서 인재상을 창의적인 인재, 끈기 있는 인재, 소통하는 인재로 정했다면 어떻게 자신을 소개할 것인가? 혹시 논리적인 사람인데 창의적인 경험을 쓰면서 갑갑해지진 않았는가?

끈기보다는 다양한 경험을 좋아하는 지원자도 있을 것이고, 소통보다 혼자 있는 게 편한 지원자도 있을 텐데, 이런 지원자들은 억지로 끼워 맞추다 보면 아마 짜증이 날 거다. 걱정과 고민만 하지 말고 자신의 강점에서 인재상을 이끌어보자.

예컨대 '창의적인 인재'를 인재상으로 하는 경우를 생각해보자. 만약 자신이 창의적이기도 하지만 논리적인 부분이 더욱 강점이라고 생각한다면, 이 회사가 정말 가고 싶다는 가정 아래 다음과 같은 생각으로 이야기하자. '나는 논리적인 것이 강점이다. 창의적인 사고 역시 논리적인 사고가 뒷받침되어야 한다.'

그리고 그렇게 논리적인 프로세스를 갖고 창의적인 아이디어를 기획했을 때 나타난 성과를 어필하자. 창의적인 사고를 갖고 있다고 하면서 무작정 창의력만을 이야기하는 것은 바보 같은 짓이다. 자신의 강점이 기업에서 원하는 인재상과 일맥상통한다는 걸 이야기해야 한다. 반대로 창의력이 강점인 친구들은 자신의 강점에 더해 논리적인 사고가 있어 더욱 빛을 발한다고 이야기하면 좋다.

기업의 인재상은 기업이 지원자에게 바라는 공통 역량이라고 볼 수 있다. 그렇다고 해서 자기소개서를 쓸 때 인재상을 어떻게 해서든 구겨 넣을 필요는 없다. 가끔 보면 성장과정이든 학창생활이든 성격의 장단점이든 인재상의 단어를 한 개 이상 무조건 넣으려고 하는 지원자를 만나는데 이렇게 해도 아무런 효과도 없었을 것이다. 서류에 인재상 한두 개 넣는다고 자신이 그 인재상에 딱 맞는 사람으로 보일까? 자신의 능력과는 거리가 먼 이야기인데 자신을 억지로 과대 포장하지 마라.

기업에서 원한 인재상 키워드들이 들어갔다고 해서 좋은 자기소개서가 아니다. 뒤에서 얘기하겠지만 자신이 이런 사람이라고 소개했으면 사례로 이를 증명해야 한다. 증명이 되지 않으면 인재상에 맞는다고 백날 써도 무의미하다.

즉, 자신의 장점, 강점을 인재상에 억지로 맞추지 말고, 자기소개서 항목에도 억지로 넣지 말라. '프로크루스테스의 침대'에 누워 자신이 직접 자신의 머리와 다리를 늘리고 잘라 죽이는 일은 절대로, 절대로 없어야 한다.

우린 모두 뛰어난 역량이 있는 사람들이다. 자신의 역량을 과소평가하지 말자. 회사를 고르는 방법은 다양하다. 파트 2의 기업 분석 챕터(56페이지)에서 디테일한 기업 분석 방법을 알려줬는데, 기업 분석이 불가한 경우 이보다 쉽고 포괄적인 접근 방법이 바로 기업의 인재상 또는 비전을 보는 것이다.

대기업과 중견기업의 경우 인재상이 홈페이지 회사소개에 올라와 있다. 그런데 수많은 중소기업 홈페이지에는 인재상이 없는 경우가 많다. 대신 회사의 비전이 나와 있다. 인재상이 없다면 비전을 보고 자신과 맞는지 판단해볼 필요가 있다. 기업 문화에 따라서 직원이 우선인 경우가 있고 공공이익을 우선으로 하는 경우가 있고 회사 자체의 발전이 우선인 경우가 있다.

회사의 비전이 나와 있다면 회사 생활이 나와 잘 맞을지 맞지 않을지 예측해볼 수 있다. 직원 복지를 원하는 지원자도 있을 것이고 그보다 회사가 공공의 이익을 위해 봉사하는 마인드를 갖고 발전해나가길 바라는 지원자도 있을 것이다. 또는 기업의 성장을 목표로 그 발전의 길에 자신이 기여하고 싶은 지원자도 있을 것이다. 그에 맞게 자신의 역량과 비전에 맞는 회사를 골라야 한다.

그런데 자신의 역량을 모르겠다? 그런 경우 이 책을 보면서 자신을 파악해보자. 우선 역량은 어떤 일을 해낼 수 있는 힘이다. 그러니 지금 당장 자신의 장점을 한번 얘기해보자. 장점이 없다? 겸손해서 그런 걸까. 그 겸손함이 어쩌면 자신의 장점일 수 있다.

장점을 말하라고 할 때 말하지 못하는 이유는 크게 두 가지이다. 첫째, 자랑하는 것 같아서다. 자랑해라. 자기소개서나 면접은 자신을 자랑하라고 있는 자리다. 다만 이런 것을 잘한다, 저런 것도 잘한다는 식의 나열식 자랑은 안 된다. 장점 한 가지를 디테일하게 자랑하자. 둘째, 소심하거나 생각이 많아서 그렇다. 소심한 만큼 겸손하거나 신중하다는 것이 바로 장점이다. 생각이 많아서 대답이 늦을 순 있다. 그러나 면접에서는 당신을 한없이 기다리지 않는다는 점을 명심하자.

또한 경험의 많고 적음을 혼자 판단하지 않았으면 좋겠다. 아무것도 아니라고 생각했던 지원자의 사소한 경험이 필자가 보기엔 대단한 역량을 보여주는 경험이라고 생각되는 경우가 상당히 많았다. 그리고 사소한 경험도 5~6명이 서로 돌아가며 얘기해보면 그것이 역량과 이어짐을 확실히 느낄 수 있다. '나도 저런 사례가 있는데'라든가 '사소한 경험도 좋은 역량으로 만들 수 있다' 등의 생각을 하게 될 거다. 그래서 제 3자와 사례를 나누고 피드백을 거치는 것이 매우 중요하다.

자신의 경험과 자신의 역량을 과소평가하지 말고, 무시하지도 말고, 지나치지도 말고 함께 모여 이야기해보길 바란다.

기업의 인재상에 맞춰 자신의 능력을 과소평가하고 과대포장하지 말자. 인재상을 찾아보는 것 자체는 취업을 위한 기본적인 준비 요소일 뿐이다. 인재상 자체는 참고만 하고 기업에서 인재가 갖추길 바라는 키워드들을 자신의 경험(사례)과 비교해보자. 인재상이 자신과 상관없는 이야기라면 다른 기업을 찾는 것이 낫다. 자신과 잘 맞는, 자신의 능력을 100퍼센트 보여줄 수 있는 곳으로 달려가자.

"특별한 경험이 없어요"
라는 고민

자기소개서를 쓸 때 "저는 이런저런 사람입니다", "이렇기도 저렇기도 합니다" 식으로 많이 쓴다. 그렇다면 바로 서류 탈락이다. 이렇게 쓰게 될 경우 말하고자 하는 것은 많은데, 그 한마디 한마디가 보는 이(인사담당자)에게 와 닿지 않기 때문에 좋지 못한 자기소개서가 되어버린다.

기본적인 틀을 알려주자면 자기소개서 문항마다 한마디로 '나는 이런 사람입니다' 정도로 하고 그에 대한 증명을 경험으로 보여줘라. 그만큼 사례가 중요한데, 컨설팅을 진행하다 보면 사례가 없다고 하소연하는 지원자가 많다. 하지만 좋은 사례가 없는 지원자는 없다. 자기 자신에 대한 자신감이 없을 뿐이다. 그리고 자기소개서에 쓸 만한 사례라고 생각하지 않아서 쓰지 않는 경우도 많다. 뭔가 특별한 것이 있어야 한다고 생각하니 말이다.

그런데 사례가 좋고 나쁘고는 인사담당자가 판단하는 것이고, 우리가 보기에 하찮아 보이는 일도 구체적으로 파고 보면 좋은 사례일 가능성이 크다. 그러니 자신의 사례가 별로인 것 같다는 선부른 생각은 하지 않길 바란다.

실제로 취업 컨설팅을 받는다고 하면 지금 이 부분이 가장 시간이 오래 걸리고 할 얘기도 많다. 컨설팅에서 제일 먼저 물어보는 것이 그동안 해본 경험에 관한 것인데 대부분 답을 잘 못한다. 남들이 해보지 않은 좋은 경험을 말해야 할 것 같아서 그렇다.

그런데 이는 지원자가 판단할 문제가 아니다. 그리고 컨설턴트들은 지원자의 소소한 이야기를 들으며 더 깊이 있게 질문을 할 것이다. 그러다 보면 지원자들이 얘기하고자 했던 부분 밖에서 갑자기 자신감 있게 이야기하는 순간들이 있다.

인사담당자가 "오!" 하고 눈길을 줄 만한 이야기는 바로 그렇게 지원자들이 별 것 없다고 생각한 사례에서 뽑아내는 것이다.

그런데 끝까지 어떤 경험도 얘기하지 않는 경우가 있다. 정말로 아르바이트도 안 해본 지원자들이다. 경험이 없어도 괜찮다. 일단 '희(喜)노(怒)애(愛)락(樂)'을 느꼈었던 모든 순간들을 기억해보자.

친구와 여행가서 싸웠던 것, 무언가를 사기 위해 전략 또는 협상을 했던 경험들도 괜찮다. 뭔가 즐거웠다면, 화가 났다면, 감동과 사랑을 주거나 받았다면, 즐기고 누렸다면, 그 어떤 경험이든 좋다. 거침없이 기억하고 내뱉어보자. 그 사소해 보이는 다양한 얘기들을 꼭 정리하는 것이 중요하다.

그렇다면 인사담당자가 원하는 이야기 즉, 보고 싶은 사례란 무엇일까?

컨설턴트 어떤 사례를 이야기하고 싶나요?

취 준 생 사례요? 사례가 꼭 있어야 하나요? 평범해서 어떤 얘길 해야 할지 모르겠어요.

컨설턴트 입사서류는 글을 잘 쓰는 사람을 뽑는 것이 아니라 좋은 역량을 가지고 있는 사람을 가려내는 것이에요. 자신의 역량을 보여줄 수 있는, 증명할 수 있는 사례를 말해보세요.

취 준 생 좋은 역량이요? 어떤 것이 좋은 역량이지요?

컨설턴트 희망 직무와 연결되고 실무에 활용될 수 있는 역량이라면 효과적이겠죠?

취 준 생 전 역량을 증명할 사례가 없어요.

사례와 역량. 너무나 중요한 키워드인데도 준비를 안 하는 지원자가 많다. 앞에서 언급했듯이 직무와 연결되는 사례가 당장 생각나지 않더라도 최소한 '희노애락'을 느낀 경험이라도 과감히 꺼내

보자. 과거를 거짓으로 꾸밀 필요는 전혀 없다. 자신이 가지고 있는 과거의 사례 중 역량과 맞는 사례가 하나도 없다는 것은 이상한 일이다. 왜냐하면 우리에게는 수많은 일들이 생기고 그것을 해결하면서 살고 있기 때문이다. 최소한 지금은 취업을 위해 이 책을 보고 있지 않은가. 그 안에 분명히 자신을 어필할 수 있는 요소가 있을 것이고 그것을 잘 꺼내어 표현해주면 된다.

정말 특별한 사례를 가진 사람은 거의 없다. 또 자신은 특별하다고 생각하지만 타인은 그렇게 생각하지 않는 경험도 많다. 자신의 경험을 잘 요리해 매력적으로 보이게 할 수 있어야 한다.

가장 좋은 요리법은 역량을 증명하는 사례에서 본인의 역할과 실제 행동, 가치관, 그리고 그것을 통해서 얻어진 성과 등을 구체적으로 표현하는 것이다. 이를 위해 사례 정리를 반드시 하길 바란다.

모든 사람은 특별하다. 동일한 조건과 상황, 문제가 주어져도 각자 이를 해결하는 방법과 그 방법의 이유, 가치관은 다르다. 그래서 사례들을 보여줘야 내가 어떤 사람인지 자세하게 증명이 가능해진다. 그 사례가 직무와 연결까지 된다면 직무 역량으로 어필이 될 수 있다. 지금이라도 자신의 과거를 조사하고 분석해보자.

실제로 취업을 위해 어떤 경험을 하면 좋을까? 광고기획을 하려면 광고기획 공모전을 해봐야 하고, 인사팀에 가려면 사람을 뽑는 일을 찾아봐야 할까? 어떤 경험이든 상관없다. 그 안에서 역량을 찾는 것이 중요하다.

만약 오로지 직무와 연결 가능한 일만을 찾아 업무를 경험해본다면 직무 경험과 전문성은 증명될 수 있을 것이다. 그러나 실제 기업에서 사원으로 임할 때와 같을까? 현장에서의 업무는 전혀 다를 수 있다. 또한 인사담당자는 그 전문성만을 보고 뽑는 것이 아니라 다양한 역량을 고려한다. 직무능력 하나만 있다고 실력자라고 뽑을 순 없기 때문이다. 토익 990점을 받아도 회화 한마디 못하는 경우도 많으니 말이다. 그러니 사례를 억지로 만들지 말고, 지금 살고 있는 순간순간에 최선을 다하자.

컨설턴트와 고민해보아도 건져낼 사례가 없어서 필히 새로운 경험을 만들어야 하는 상황이라면 〈월터의 상상은 현실이 된다〉라는 영화처럼 상상만 하지 말고 진짜 떠나보자. 해보고 싶었던, 궁금했던 곳으로 떠나보자. 책을 많이 읽은 지원자들은 간접경험을 통해 지식으로만 알고 있는 경우가 많다. 하지만 직접 가본 사람과는 경험의 깊이와 감동이 다를 수밖에 없다.

《어린왕자》에 보면 "용기 내어 탐험하라"는 내용이 나온다. 어린왕자는 여섯 번째 행성에서 신사를 만난다. '두꺼운 책들을 쓴 나이 든 신사'였다. 그를 탐험가일 거라고 생각했던 어린왕자. 하지만 알고 보니 서재 밖으로는 나가본 적 없는 지리학자였다.

성장은 가만히 앉아 공부만 하면 되는 것이 아니다. 밖으로 나가라. '이불 밖은 위험하다'는 생각이 가장 위험한 생각이다.

취업 후에 성장을 멈춘 사람들이 많다. 자신의 업무에 익숙해지고 안정을 확보한 후엔 머무르는 것이 일반적이다. 흐르지 않는 고인 물은 썩기 마련이다. 그렇게 되고 싶지 않다면 위험을 감수하고 다양한 경험을 하고 새로운 사람을 만나보고 새로운 문제들을 접해보길 바란다. 어린왕자의 지리학자처럼 책만 보는 신사가 되지 말고 탐험가가 되어 성장을 위한 여행을 떠나라.

심리학자들은 도전을 마주할 때 경험하는 불안이 사람을 더 효율적으로 움직이게 만들어준다고 말한다. 도전에 적응하는 일은 미래의 자신을 멋지게 성장시켜줄 것이다.

사례 0개 → 122개로
만드는 비밀

혹시 어떤 사례를 적어야 할지 몰라 고민 중인가? 취업 캠프나 취업 특강에 참여했다면, 초반에 마인드맵 작성이 필요하다는 얘기를 들어봤을 것이다. 마인드맵 작성은 과거 사례와 관련된 생각을 확장시키기 때문에, 다양한 기억들을 한눈에 정리하기 좋다. 그런데 문제는 그 안에 쓸데없는 내용들을 작성하는 일이 다반사다.

마인드맵은 대학시절 4년 동안의 일만 작성해도 넘친다. 과감하게 얘기하자면 대학시절 이전의 내용들은 크게 의미가 없다.

마인드맵을 작성하기로 했다면 대학교 1, 2학년 또는 3, 4학년까지 두꺼운 뿌리를 내보자. 예를 들어 4년제 대학생임을 가정하고 작업해보면, 먼저 학년을 나눈 뒤 학년별로 기간을 더 나눌 수 있다. 1학년 1학기, 2학기 정도만 나눠도 휴학기간 없이 여덟 개의 줄기가 생긴다. 여기에 사례를 하나씩만 써보면 여덟 개의 사례가 생긴다.

이렇게 작성하면서 생각의 줄기를 계속해서 이어가다 보면 공통적인 부분이 있다. 자신이 좋아하고 잘하는 일이라 공통적인 사례가 나온 것일 수 있으니 집중해보자. 작성이 어느 정도 되었다면 각 줄기들을 이어 스토리를 만들고, 각 스토리의 끝을 다른 줄기들과 잇기도 해보라. 교집합의 내용이 있다면 희망 직무도 잡아볼 수 있다.

마인드맵은 위와 같은 활용이 가능하지만 작성 후에는 다시 보지 않고, 생각이 무한정 나열만 되어 있어 무의미한 키워드들이 많다는 한계가 있다.

사례 정리를 위해서 필자는 다양한 방법을 동원해봤다. 그중 가장 좋은 방법이 '엑셀' 프로그램을 이용하는 것이다. 이는 사례 정리의 가장 좋은 방법이다. 자기소개서 파트를 전부 읽은 뒤 따라서 작성해보길 바란다.

엑셀을 활용한 사례 정리 방법은 다음과 같다.

①엑셀을 시작한다. ②분류를 나눈다. ③생각나는 일들을 계속 작성해본다. ④예쁘게 꾸밀 필요도 없다. ⑤키워드로 작성하지 말고 문장으로 작성한다.

단순하지만 작성이 끝나면 놀랄 것이다. 중요한 것은 '②분류'인데, 분류된 것을 다음에서 살펴보자.

	A	B	C	D	E	F	G
1				성공적인 취업을 위한 나의 사례 정리			
2	학년	기간(월별)	사례(있었던 일)	사례(자세히)	사례(더 자세히)	사례 키워드	역량 키워드
3	1	1	충북 단양에서 대학교 농촌 봉사활동 (배추밭 잡초 뽑기)	초등학교 운동장 두 개만 한 배추밭에 전체 인원이 모여 잡초를 뽑음. 첫날 하루 종일 배추밭에 있었고, '노동요'를 부르며 다 함께 열심히 임함.	점심에는 소주와 함께 동네어르신 분들과 순대국을 먹음. 잘 먹지 않는 순대국이지만 힘들어서인지 소주와 함께 맛있게 먹음. 너무 더워 웃통까지 벗고 일함. 현대그룹의 창업자인 정주영 회장의 스토리가 떠올랐던 하루. 저녁에도 소주와 함께 또 순대국을 먹음… 이번에는 도저히 들어가질 않아 꾸역 꾸역 먹음…	조직 분위기 노동요 배추밭 잡초 운동장 정주영	조직력 협력 봉사정신 화합 희생
4		2					
5		3					
6		4					
7		5					
8		6					

너무 간단해서 설명할 것도 없다. 하나씩 다 채워보자. 사소해도 좋다. 이렇게 되면 직무, 역량, 사례, 구체화, 스토리텔링까지 한번에 된다. 그리고 G열의 역량 키워드를 잘 활용해보자. 처음부터 끝까지 이 부분을 드래그하여 [ctrl + f]를 누르면 찾기가 되는데, 이때 자신에게 필요한 역량, 직무 역량, 인재상 등을 검색한다. 지원하는 기업마다 원하는 인재상과 역량이 달라지니 그때마다 사례를 생각하지 말고 찾기만 하면 된다.

그리고 이보다 더 활용하기 좋은 모델을 소개하겠다. 앞으로 이 책에서 계속 언급될 'STAR' 모델이다. 사례를 Situation(상황),

Task(문제), Action(행동), Result(결과) 순으로 작성하는 방법으로서 Feel(교훈)을 더해 STARF 구조로 쓸 수도 있다.

STAR로 정리한 엑셀은 다음과 같다. 이 방법은 다양한 기업에 지원하는 경우에 아주 효율적이다. 회사명보다 직무를 중요시하는 친구들은 물론, 취업 자체가 급한 친구들에게도 마찬가지다.

	A	B	C	D	E	F	G	H	I	J
1	나를 복습하라!! 사례정리집									
2	학년	월	언제	어디서	무엇을	사례	상황(S)과 문제 및 임무(T)	활동 내용(A)과 결과(R)	키워드	역량
3	1	8	5일 ~9일	충북 단양	대학교 농촌 봉사 활동	〈귀신의 집〉 기획	(S) 3일째 낮 돼지우리 청소 중 (T) 봉사활동 단장 누나가 고민중이었고, 해결해주고자 페가에서 '귀신의 집'을 해보자고 제안함.	(A) 페가 사용 가능 여부에 대하여 읍면리 사무소에 담당자의 허락을 받고자 통화 및 방문, 숙소에서 해당 위치까지 거리를 약식 측정, 공포 포인트 체크 및 연습, 해당 포인트별 임무 수행 적합한 인원 구성, 각 인원에게 임무 전달 및 예행 연습, 게임 참가 인원 남녀로 구성, 진행 사진을 찍으며 전체 진행상황 파악 및 문제 해결. (R) 그 결과 "다른 농촌 봉사활동에선 절대 못해볼 경험이었다", "잊을 수 없는 공포와 재밌는 추억으로 남을 것 같다"는 이야기를 들음.	제안 기획 페가 공포 협의 허가 포인트 인원 구성 진행 추억 기획 구성	기획력 문제해결 인사 교육 진행 리더십 적극성 창의성 아이디어
4		9								
5		10								
6		11								
7		12								
8	2	1								

기업별로 다른 인재상과 비전을 갖고 있는데 사례 한두 가지를 계속 복사, 붙여넣기만 반복해서는 서류를 통과하기 힘들다. 통과하더라도 면접에서 무너질 것이 뻔하다. 자기소개서에 작성한 내용이 아닌 다른 이야기를 계속해서 질문할 텐데, 사례 없는 지원자

의 말을 면접관이 믿어줄까? 별 것 아닌 것 같아 보이는 이 사례 정리는 면접에서 자신감을 가져다줄 것이다.

1년 12개월마다 사례를 한 개씩만 작성해도 4년이면 48개이다. 필자와 컨설팅을 하면서 "저는 사례가 없어요"라고 했던 한 지원자가 이 사례 정리를 한 후에 약 122개의 사례를 갖게 되었다. 그는 "사례 정리로 신세계를 보았습니다"라고 표현했다.

신세계를 보고 싶다면 지금이라도 잠깐의 귀찮음을 이겨내고 'STAR' 사례들을 작성해보자. 그 후에는 남들과 스펙 비교를 하며 낮아졌던 자신감이 다시 솟아날 테니 말이다.

추상화 vs 정물화,
인사담당자가 좋아하는 그림은?

컨설턴트　열정적인 도전을 통해서 성과를 이루었던 경험이 있나요?

취 준 생　마라톤에 도전해서 완주를 한 경험이 있어요.

컨설턴트　몇 킬로미터 코스였나요? 하프코스, 풀코스?

취 준 생　그 정도는 아니었고요. 5킬로미터요.

컨설턴트　5킬로미터면 누구나 할 수 있는 짧은 거리 아닌가요?

취 준 생　그래도 제게는 특별하고 의미 있는 경험이었어요. 예전에는 체력 검
　　　　정 때 1킬로미터 완주하고 쓰러질 정도였거든요.

컨설턴트　그렇다면 특별하고 의미 있는 모습을 보여주세요. 왜, 어떻게, 어떤
　　　　상황, 문제, 고통이 있었는지 상황을 구체적으로 하나하나 얘기해주
　　　　세요.

1킬로미터 도전하고 쓰러질 정도의 체력이었는데 5킬로미터 도전해서 성공했다? 과연 이 경험이 도전과 성과로 말하기에 좋은 내용일까?

이런 내용은 체력이 약하다는 인상만 전할 뿐이다. 마라톤과 비슷한 내용으로 다이어트(체중 감량)와 외국어 성적 상승, 군대 경험이 있다. 누구나 할 수 있을 법하지만 자신에게는 특별한 내용들이다. 구체적이고 특별해서 가슴에 꽂힐 내용이 아니라면 쓰지 말자. 다만 정말 다른 얘깃거리가 생각이 나지 않거나 특별해서 누구나 놀랄 만하다면 더 자세히 이야기해보자.

우선 앞서 말한 지원자의 경우 사례에서 자신의 체력이 약하다는 것만 여실히 드러냈다. 사실 10킬로미터에 도전했다고 해도 부족하다고 할 사람들이 많다. 전략적으로 쓰려면 완주거리를 빼고 오히려 연습을 통해서 몇 분 안에 완주했다고 하는 게 나을 수 있다. 실제로 그런 경험이 있다는 가정하에 말이다.

5킬로미터라도 처음 완주했던 시간보다 30분이나 단축되었다 등의 내용으로 작성해보면 좋다. 시간이 줄었고 거리상으로 늘었다면 자기소개서 항목에서 '늘이기와 줄이기'라는 소제목도 만들 수 있다.

이처럼 지원자들이 대부분 착각하고 있는 것이 있다. 자신의 경험은 특별하다고 생각하는 경향이다. 그런데 '나에게 특별한 것이 남에게는 특별하지 않을 수 있다'는 점을 이해해야 한다. 운전면허

증 따기에 성공했던 이야기, 외발자전거에 도전해서 성공했다는 이야기, 장학금을 목표로 했는데 결국은 받은 이야기. 전액도 아니고 대학시절 중 단 한 번. 이런 경우도 많다. "저는 절대 지각을 하지 않습니다." 필자의 답변은 "당신의 첫 번째 지각을 제가 보는 영광을 누리네요"였다. 이런 사례는 거짓이 될 경우가 더 많다.

보기 좋은 떡이 맛도 좋다고 한다. 좋은 사례로 가득 채워도 모자를 판에 나쁜 사례나 자신의 부족함을 보여주는 사례를 쓰는 경우는 없어야 한다. 그리고 약점이었는데 이제 괜찮다는 내용으로 작성할 것이 아니라 강해진 모습을 '증명할 수 있는 사례'를 작성해야 한다.

'공부를 못했었다'거나 '중간은 간다' 정도가 아니라 최소한 '잘하는 편은 아니었지만 성공 습관을 만들기 위해 이런저런 노력으로 월등한 성적을 이끌어냈다'는 이야기로 작성해야 한다. 특히 약점과 단점은 변화를 위해서 어떤 노력을 했는지가 중요하다. 그래서 그 변화가 어떻게 본인에게 장점 또는 강점으로 적용되었는지 '증명'하는 것이 필요하다.

이는 성격의 장단점에서 중요한 두 가지 포인트다. ①노력의 방법 ②노력의 결과를 증명하기. 일반적으로 ①의 방법으로 작성하는데, 단점이 강점화된 것을 강조하려면 ②의 방법으로 작성하는 것이 좋다. 작성 시 글자 수 제한이 없다면 둘 다 더욱 자세하게 쓰고 역량을 구체화시키는 게 좋다.

도화지에 동그라미 하나, 직선 하나, 곡선 하나. 추상화를 보면 어떤 생각이 드는가. '저건 나도 그리겠다'라든가 '도대체 뭘 의미하는 거야'라며 불평을 늘어놓기 마련이다. 이런 그림을 보면 대개는 각자 다른 감정과 평가를 하게 된다. 그러나 사실주의에 입각한 풍경화나 정물화는 다르다. 극사실주의 미술 작품은 그 디테일이 강하게 느껴진다. 취업 준비를 하며 사례 정리를 할 때 우리가 가져야 할 자세는 '극사실주의'와 같다.

인사담당자에게 추상화보다는 정물화를 보여줘야 한다. 아마 다들 미술시간에 사과나 바나나 또는 각자의 물건을 올려두고, 4B연필을 들고 슥슥거리며 최대한 똑같이 그려봤을 거다. 그 느낌 그대로 우리가 경험했던 일들을 4B연필 대신 컴퓨터로, 도화지 대신 엑셀 프로그램에 정물화 그리듯 디테일하게 정리해보자.

컨설팅을 하다 보면, 대부분 디테일하게 얘기하기 위해 열심히 사례를 얘기하지만 컨설턴트가 원하는 부분과 그 깊이가 다른 경우가 많다. 자세하긴 하지만 '자신의 생각과 행동'이 빠져 있다.

사례를 구체적으로 정리할 때는 자신이 무엇을, 어떻게, 왜 했는지가 가장 중요하다. 사람마다 같은 상황에 어떤 행동을 어떤 방식과 어떤 생각으로 했는지가 다르기 때문이다.

이는 인사담당자가 사람을 볼 때 중요히 여기는 체크 포인트다. 사례를 자세히 설명하면 지원자가 자신의 역량을 A라고 생각했더라도 인사담당자는 지원자에게 B라는 역량도 있음을 체크할 수 있게 된다.

영어 면접에서 "I will do my best"라고 마지막에 외치는 사람이 많다. 100명 중 90명은 그렇게 끝낸다. 그 외침 전에 어떤 역량을 어떤 사례와 함께 얘기했는지가 중요한데 말이다. 면접에라도 갔으면 다행이지, 서류에서 탈락할 순 없지 않은가? 그렇다면 지금이라도 사례를 새로 정리하는 시간을 갖도록 하자.

결론적으로 사례 작성에 필요한 조언을 딱 한마디로 한다면 '구체적으로 논증하라'이다. 같은 역량과 경험을 말하더라도 구체적으로 논증하면 자연스럽게 다른 지원자와 차별화를 이끌어낼 수 있다. 논증이란, 어떤 판단에 대한 이유를 분명히 하는 것이다. 그 이유와 증거, 증명을 우린 '사례'라는 경험으로 해야 한다는 걸 기억하길 바란다.

문항을 보자마자
머릿속이 하얘진다면

이 챕터는 대기업, 중견기업, 공기업을 지원하는 지원자들에게 중요하다. 열심히 자기를 분석하고 기업을 분석하고 특강도 듣고 책도 읽고 이제 막 자기소개서 한번 제대로 써보려고 하는데, 막상 닥치니 어떤가?

성장과정, 성격의 장단점, 학창생활, 대내외 활동, 지원 동기 및 포부 등으로 문항이 나눠져 있지 않아서 머리가 하얗게 될 수 있다. 그러나 어려워 보이는 자기소개서 문항이라도 배웠던 내용들을 차근차근 적용시키면 문제될 것이 없다.

채용 과정이 까다로운 기업에 입사를 희망하는 지원자들을 컨설팅하다 보면 "자기소개서 문항이 어려운데 어떻게 풀어가야 하나요?"라는 질문이 상당히 많이 들어온다. 사실 엄청 단순하다. 앞서 말한 'STARF' 구조가 답이다. 사례를 Situation(상황), Task(문제), Action(행동), Result(결과), Feel(교훈)의 순으로 작성하는 것이다. 이 구조를 염두에 두고 계속 읽어나가 보자.

취 준 생 대체 이 항목에 무엇을 써야 하죠? 저는 성장과정, 성격의 장단점, 학창시절만 적었는데요.

컨설턴트 지금까지 작성한 사례 리스트를 보세요. 그리고 이번 항목을 보니 학창시절에 적었던 사례를 적으면 될 것 같아요.

취 준 생 이 항목은 구체적 이야기를 원하는 것 같아요. 제 사례가 이 항목과 맞을까요?

컨설턴트 사례 정리할 때 구체적으로 작성했었나요? 구체적으로 작성했다면 이 항목도 어려울 리가 없어요. 문항을 분석해볼까요?

항목의 길이와 구체적인 질문에 헷갈리거나 힘들어할 필요가 없다. 결국 그 항목에서도 인사담당자가 알고 싶은 이야기는 '지원자의 경험과 역량'이다. 경험에 근거한 본인의 역량을 체크해보고, 직무와도 잘 어울리는지 판단하고자 하는 것뿐이다.

항목을 잘 따져보면 결국 필자가 간단히 알려준 STARF 구조와 함께 역량을 회사 또는 직무에서 어떻게 적용할 것인지 적으라는 것으로 분석할 수 있다.

한 공기업의 지문을 보자.

[지원 분야의 관련 업무를 수행한 경험 중 대표적인 것에 대해 기술해주세요. 경험은 직업 외적인(금전적 보수를 받지 않고 수행한) 활동(산학협력, 팀 프로젝트, 연구회, 동아리, 동호회 등을 포함)을 의미합니다. 본인의 경험 또는 활동 내용, 활동 결과에 대해 작성해주시기 바랍니다.]

다음은 A기업의 지문이다.

[본인의 삶 중에 기억에 남는 최고의 순간 및 그 의미를 설명하고, 향후 본인이 원하는 삶은 무엇인지 기술해주십시오.(1000자 이내로 작성)]

대부분의 기업에서 행동주의를 포인트로 한 채용을 하고 있다. 쉽게 말해 결국 경험을 위주로 지원자의 역량을 파악하고자 한다. 또한 경험을 이야기할 때 '대표적인' 또는 '최고의 순간'을 말하라고 하듯이 한 가지 사례를 구체적으로 서술해주길 바라고 있다. 즉 S 어떤 상황인지, T 문제나 활동 내용이 무엇인지, A 행동과 활동의 구체적인 설명과 의미는 무엇인지, R 그 활동과 행동의 결과는 무엇이며, F 얻은 교훈이나 경험을 통한 향후 자신의 삶과 일의 방향을 서술해주길 바란다.

'본인이 열정을 통해서 이루었던 팀 프로젝트가 있다면 이야기 해주세요. 그리고 그 경험을 통해서 어떤 성과를 얻을 수 있었나요?' 같은 자기소개서의 항목 또는 면접 질문이 나올 수 있다.

어려워 보이지만 '학창시절 열정을 다했던 경험이 있나요?'라는 간단한 질문과 다르지 않다. 더 간단하게 이야기하면 일반 자기소개서 문항의 '학창생활'과 같다. 그저 항목의 길이가 길어졌을 뿐. 그러니 걱정하지 말고 하고 싶은 이야기를 하면 된다.

구체적으로 항목이 나눠져 있는 경우도 있다.

[①자신이 가장 힘들었던 경험이 있다면 언제인가요?(50자) ②그 일이 힘들었던 이유와 상황이 어떠했나요?(200자) ③이를 해결하거나 극복해낸 방법은 무엇이었나요?(200자) ④지원한 직무에서 비슷한 상황이 온다면 어떻게 하겠습니까?(100자)]

이런 항목이 있다면 말 그대로 질문에 맞게 작성하면 된다. 정리해둔 자신의 사례를 꺼내 항목별 글자 수만 맞춰주면 된다.

지원자들은 항목의 복잡함을 걱정하지 말고 편하게 정리해둔 사례들을 보면서 질문의 의도를 파악하고 그에 맞는 사례를 찾아 작성하기만 하면 된다. '사례', '경험', '활동'과 관련된 지문이 복잡해져도 인사담당자가 보고 싶은 것은 그 안에서 당신의 생각과 활동, 결과, 직무와의 연계성이다. 그럼 우리가 지금이라도 당장 시작하고 재정비해야 할 것은 뭘까. '구체적인 사례 정리'이다. 지금이라도 엑셀을 활용해 앞에서 배운 사례정리법(147페이지)을 실행해보자.

소제목 하나
바꿨을 뿐인데

대부분의 지원자들이 자기소개서 쓰기를 어려워한다. 지금 이 책을 보고 있는 독자들도 자기소개서 작성 방법을 제일 궁금해할 것이다. 그래도 이제는 많은 지원자들이 최소한 두괄식으로 내용을 작성하려고 노력한다. 소제목도 적고 말이다. 그런데 문제는 모두 그렇게 적는다는 것이다. 기초부터 하나씩 살펴보자.

　일단 인사담당자의 입장을 생각해볼 필요가 있다. 대기업, 중견기업, 공기업의 경우 수많은 공채 지원자들의 입사서류를 받게 된다. 채용 담당자는 일주일 동안 대량의 이력서를 보고 과감하게 탈락시킬 수밖에 없다. 자기소개서도 마찬가지이다. 그들은 하루에 수백 개, 수천 개의 자기소개서를 봐야 한다.

인사담당자의 입장에서 근무시간은 기본 9시간으로 540분. 3분 정도 자기소개서를 본다면 하루에 180명의 글을 볼 수 있다. 그런데 대기업의 경우 상반기 공채에서 4000여 명, 적게는 1500명을 뽑는다고 한다. 하루, 이틀 고생해서 볼 수 있는 양이 아니다. 3:1의 경쟁률이라고 해도 지원자가 1만 2000명. 대기업 경쟁률이 3:1 정도만 되면 얼마나 좋겠는가. 한 승무원 공채에서는 1만 명이 지원하였고, 180대 1의 경쟁률이 나오기도 했다.

근무시간 540분 중에서 1000명의 자기소개서를 본다고 했을 때, 우리의 자기소개서가 스쳐지나가는 시간은 약 30초 내외다. 실제로 30초를 볼 수 있을까? 임팩트 있는 지원자의 서류는 더 오래 보게 될 텐데 10명의 자기소개서를 5분 동안 봐야 한다면 공평하게 30초씩 나눠 볼 수 있을까?

그래서 자기소개서는 두괄식으로 작성해야 한다. 그런데 문제는 다들 두괄식으로 적는다. 그리고 두괄식으로 쓰긴 쓰는데 다 헛소리만 적는다. 두괄식으로 쓰라고 해서 첫 문장을 고민해서 적었을 거다. 잘 쓴 듯해도 언제 어디서 어떤 직무의 경험을 했는지 정도일 것이다. 문제는 두괄식이 뭔지도 모르고 그냥 쓰기 시작한 점 그리고 두괄식으로 첫 문장을 쓰기 시작했는데 뒤에서는 딴 소리를 하고 있는 점이다.

두괄식 첫 문장을 적는 일은 맨 마지막 순서다. 사례를 'STAR' 구조의 스토리텔링 기법을 활용해 자연스럽게 작성한 후에 글을 분석해보자. 언제 어디서 무엇을 어떻게 왜 했는지. 그리고 어떤 역량을 발휘했고, 어떤 결과를 이끌어냈는지. 남들과 다르게 차별화를 줄 수 있는 키워드들이 뭐가 있는지 고민해야 한다.

앞에서 얘기했던 필자의 봉사활동 사례(48페이지)를 바탕으로 희망 직무가 기획이라 가정하고 첫 문장을 만들어보자.

첫째, 언제 어디서 무엇을 어떻게 왜 했는지에 대한 키워드가 필요하다. 대학교, 농촌 봉사활동, 단장의 고민을, 기획했다는 점. 둘째, 어떤 역량을 발휘했는지 키워드를 찾자. 역량은 다양하겠지만 직무에 맞게 기획력, 문제해결능력, 창의력, 디테일 등을 말할 수 있다. 셋째, 남들과 차별화를 줄 수 있는 키워드는 뭐가 있는지 찾자. '귀신의 집'을 기획했다는 점만 생각난다고 해도 차별화를 줄 수 있다면 상관없다. 넷째, 그 결과는 어떠했는지는 덤이다.

이제 모든 이야기를 다 적은 것 같다. "대학교 봉사활동에서 이벤트를 기획했다. 기획력, 창의력, 디테일한 역량으로 '귀신의 집'을 기획했고 그 결과 다른 봉사활동에서 느낄 수 없는 색다른 경험을 사람들에게 선사했다." 이것이 곧 요약이다.

임팩트 있게 쓸데없는 내용은 과감히 빼자. "대학교 시절 농촌 봉사활동에서 디테일한 기획력으로 '귀신의 집' 이벤트를 기획하여 문제를 해결했던 경험이 있습니다" 정도만 해도 뒤에 무슨 내용이 올지 감이 온다. '밑에서 더 자세히 읽어보세요'의 느낌을 준다면 좋은 첫 문장이 완성되었다고 볼 수 있다. 임팩트를 주고 싶은 부분이 어디냐에 따라 단어의 배치를 바꿔도 좋다.

본인이 작성한 내용도 이렇게 키워드를 분석해 한 문장으로 맞춰보길 바란다. 문맥상 두 문장이 되었다고 하더라도 상관없다. 이런 첫 문장이 작성되어야 하는 이유는 뭘까? 바로 바쁜 인사담당자라도 다음 내용이 궁금해서 자세히 보게 만들기 위함이다.

빠르고 임팩트 있게 인사담당자의 시선을 끌고 싶다면 소제목을 작성해보자. 첫 문장을 간결하게 최대 세 단어의 키워드로 만들면 간단하다.

자신이 그 사례에서 얻은 교훈이나 역량을 명언을 인용해 적는 지원자가 많다. 그런 방식은 임팩트도 없고, 재미도 없고, 지루하고, 남들과 똑같으며, 무슨 얘기인지 궁금하지도 않다. 키워드는 창의적으로 만들어야 좋다.

하지만 소제목을 작성하고 싶어도 적을 수 없는 상황이 있고, 글자 수에 제한을 둔 경우도 있다. 또한 자기소개서 공간에 제목 쓰는 공간이 없다고 쓰지 않는 사람도 많다. 그렇다면 공간을 만들자. '[ ]' 이렇게만 해도 소제목을 적을 수 있다. 그럼 소제목을 적을 수 있을 때와 없을 때, 어떻게 작성하면 좋을까?

먼저 소제목을 적을 공간이 없을 때다.

"오로나민 CS, 비타민 음료수와 같은 CS 마인드로 고객과 뛰어난 소통을 했고 점장님께 칭찬과 상품권을 받았던 경험이 있습니다."

소제목이 없기 때문에 내용에서 눈에 띄는 키워드를 뽑아서 한 문장으로 요약해줘야 한다. 특히 '오로나민 CS'는 자신의 CS(Customer Satisfaction 고객만족) 마인드가 비타민 음료수처럼 상큼한 기운을 준다는 의미로 만든 키워드다. 한 줄만 읽어도 '고객과 문제를 잘 해결했다' 또는 'CS 마인드가 있다' 등을 바로 알 수 있다. 그리고 그 역량이 평소에 자연스럽게 발휘되어 상사에게 칭찬도 받았음을 알 수 있다.

바로 이게 첫 문장의 중요성을 보여주는 좋은 예시다. 인사담당자는 자세한 내용이 궁금하면 열심히 볼 것이다. 만약 자세히 보지 않아도 이 경우, 첫 문장으로 지원자의 역량을 바로 파악할 수 있게 도와주고 있다.

다음으로 소제목을 적을 수 있는 공간이 있고, 글자수에 제한이 없다면 이렇게 작성해도 좋다.

[오로나민 CS] "3시간 동안 250명의 손님을 받는 바쁘고 힘든 상황에서도 CS 마인드를 잃지 않고, 웃으며 일했던 경험이 있습니다."

결과적인 부분은 빼고 바쁜 상황과 역량에 집중해서 첫 문장을 만들었다. 그리고 소제목은 눈에 띄는 키워드로 간단하게 표현했다. 이처럼 첫 문장의 힘은 강력하다. 지원자의 자기소개서를 1초라도 더 보게 만들기 때문이다. 소제목을 쓰는 것은 자신의 서류에 1초를 추가해주는 좋은 방법이다.

잘 썼는지 못 썼는지는 제 3자들에게 보여줘서 사례에 대한 요약이 잘 느껴지는지, 자세한 내용에 대한 궁금증을 이끌어냈는지 들어보면 쉽게 알 수 있다.

핵심 사례
하나만 풀어라

스토리텔링은 말 그대로 생생한 이야기(Story)를 상대방에게 전달(Telling)하는 것을 말한다. 자기소개서를 작성할 때 스토리텔링은 자신의 역량을 이야기로 증명하는 것이라고 생각하면 된다. 앞에서 소제목과 첫 문장은 마지막에 작성하라고 했다. 그전에 할 작업이 바로 스토리텔링, 자기소개서의 실질적인 내용이다.

지원자들이 어떻게 적고 있는지 보면 다양한 문제점을 발견할수 있다. 대표적으로는 할 말은 많은데 적지 못하는 경우가 있다. 왜 못 적을까. 기억이 나질 않으니까! 그래서 사례 정리가 중요하다. 그럼에도 못 적는 이유는 글을 써본 경험이 별로 없어서다. '~했습니다' 또는 '~ 했어요' 혹은 '~ 했다' 등으로 적는데, 가장 좋은 것은 '했습니다'이다. 면접에서도 '요'체는 쓰지 않아야 한다. 또한 글을 쓸 때 구조가 잡혀 있지 않은 상태로 글을 쓰다 보니 중언부언하게 된다. 구조가 없는 게 가장 큰 문제점이다.

스토리텔링으로 내용을 작성하는 것은 편지를 적는 것과 같다. 레터(letter)식 자연스러운 작성 방법이 바로 STAR 작성법이다. STAR(별)는 외우기 쉽다. S는 Situation(상황)을, T는 Task(문제)을, A는 Action(행동)을, R은 Result(결과)를 얘기한다. 즉, 어떤 상황에서 어떤 문제점이 있었고 이를 어떻게 해결했으며 그 결과가 어땠는지 말해주는 구조다. 여기에 Feel(교훈)을 추가하면 STARF 구조로 만들 수 있다. 느낀 점은 본인의 경험에서 느낀 감정뿐만 아니라 교훈을 담아 경험의 의미를 깊이 있게 만들어줄 수 있다.

추가로 필자는 컨설팅을 진행하면서 T를 더욱 세분화했다. STAR에서 STTARF로 한 단계 추가한 것이다. T는 Trouble(문제) 또는 Task(임무)를 의미하는데 둘 다 쓰면 자기소개서의 구조를 단단히 만들어준다. STTARF라는 구조 이후에 본인의 역량이 기업과 조직에서 어떻게 발휘될 수 있고 어떤 부분에 기여할 수 있는지 적어주면 레터식 자기소개서 구조는 마무리된다.

[소제목] + 좋은 첫 문장 + STTARF + 회사기여도의 구조를 꼭 기억하자.

잘못된 예시 1 성장과정

고등학교 시절 방송부 동아리에서 3년 내내 교내의 기술 관련 일과 방송부 내 회계 일을 맡으며 선생님들과 동기에게 도움을 주었고, 그 일에 보람을 느꼈습니다. 대학교에 들어오기 위해 수시 지원을 하며… (이하 생략)

잘못된 예시 2 성격의 장단점

저의 장점은 다른 사람의 이야기를 잘 들어주고, 모든 일을 긍정적으로 생각하는 점입니다. 상대방의 눈을 항상 바라보며, 경청하는 태도로 실습 기간에 칭찬을 받았습니다. (이하 생략)

문제점을 간단히 살펴보자. 첫째, 소제목 없음. 둘째, 첫 문장으로 요약이 되지 않음. 셋째, 이것저것 나열만 하고 있음. 넷째, 성장과정을 쓰고 있음. (네 번째 문제점은 다음 챕터에서 자세히 이야기하겠다) 사례는 주요 사례 한 가지를 구체적으로 작성해야 한다. 아주 간단한 예시를 보여주겠다.

구조적 작성 예시 학창생활

[요양원에서 할머니와 함께 눈물을 흘리다.]

S(상황) 고등학교 2학년 엘○○요양병원으로 봉사활동을 다녔습니다. TT(문제 및 임무) 봉사활동 중 할머니 한 분께서 저의 손을 잡으

시며 가족들 이야기를 해주셨습니다. 할머니께서는 6.25 전쟁 이야기와 살아오신 이야기들을 두런두런해주셨습니다. 그러다 어린 나이에 잃은 따님 얘기를 하시며 눈물을 보이셨습니다. A(행동) 제 나이 또래의 딸을 잃으신 것에 저도 눈물이 나왔습니다. 할머니의 이야기에 공감하며 이야기를 끝까지 들었습니다. 그리고 율무차 한 잔을 드리며 함께 괜찮으실 거라고, 힘내시라고 안아드렸습니다. R(결과) 할머니께서는 손녀 같이 함께해줘서 고맙다고 저를 꼭 안아주셨습니다. F(교훈) 봉사활동을 하며 노인분들의 쓸쓸함을 크게 느꼈습니다. 요양원 봉사도, 저희 친할머니께도 자주 찾아뵈어야겠다는 다짐을 했습니다. 이후에도 요양병원에 봉사를 다니며 할머니들의 말동무가 되어드리고 식사도 도와드렸습니다. 회사 기여도 저의 공감 능력은 어린이집 선생님으로서 아이들의 말을 귀 기울여 듣고 공감해주는 것으로 발휘될 것입니다. 어르신들처럼 아이들과도 눈높이를 맞춰 함께 웃고 함께 우는 선생님이 되겠습니다.

구조만 잡고 작성한 자기소개서 일부다. 첫 문장도 없고, 고등학교 사례라는 약점이 있고 디테일 수정이 필요하긴 하지만 STTARF 구조로 하나의 사례가 자연스럽게 작성됐다.

이처럼 구조화된 스토리텔링 사례 작성법은 말하고자 하는 바에 대한 분명한 증거가 된다. 또한 중간에 다른 이야기로 이상하게 흘러갈 일이 없다. 앞에서 열정이 있다고 얘기했으면 그 사례가 나와야 하는데, 구조 없이 작성하면 이를 놓칠 가능성이 높다.

스토리텔링으로 한 가지 사례를 구체적으로 작성하자. 그리고 STTARF 구조의 사례를 31개 정도 만들어두자. 31개의 사례를 작성해둔다면 기업의 인재상과 기업에서 바라는 직무 역량에 맞는 사례를 고를 수가 있다.

일반적으로 자기소개서 문항은 성장과정, 성격의 장단점, 학창생활, 지원 동기 및 포부가 있는데, 여기에 사례를 하나씩만 넣을 수 있다면 정말 좋다. 기업마다 원하는 내용이 다른데, 사례를 미리 만들어둔다면 디테일한 수정만 하면 되기 때문에 더욱 완벽한 자기소개서를 작성할 수 있을 것이다.

아래와 같이 적어두고 각자의 사례를 작성하자. 실제 자기소개서에 넣을 때에는 이 부분을 지워주기만 하면 된다.

S(상황) TT(문제 및 임무) A(행동) R(결과) F(교훈) + **회사 기여도**

'지원 동기 및 포부'가
막막한 당신에게

지원 동기 및 포부는 차이가 있다. 지원 동기와 포부를 별도로 나눈 경우도 있다. 우선 포부는 앞으로의 진로와 계획성을 보고 싶은 경우가 많다. 앞으로 어떤 꿈이 있고 그 꿈을 이루기 위해 구체적으로 어떻게 계획하고 있는지 보려는 것이다. 인사담당자는 지원자가 기업과의 공동 성장이 가능한지를 보고 싶어 한다.

지원 동기가 가장 고민이라면 스스로에게 솔직히 물어보자. 지원 동기가 있는지, 기업이 좋아 보여서 들어가고 싶은 건 아닌지, 그곳에 들어가면 남들이 좋게 봐줄 것 같아서인지…. 그 기업에 들어가면 나중에 퇴사해도 괜찮은 중소기업에 갈 수 있을 것 같아서인지 또는 돈을 많이 받으니까 가고 싶은 건지 등등….

이런 마음도 아마 있을 거다. 그런데 자기소개서에 쓸 수 있을까? 못 쓴다. 쓰면 안 된다. 그렇다면 저런 게 진짜 솔직한 내 마음이라며 지원 동기 문항에 불만을 품는 데 시간 낭비하지 말고, 쓸 수 있는 지원 동기를 하루라도 빨리 찾아보는 게 현명하다.

삼성, LG, CJ 등 대기업 일원이 되고 싶은가? 그럼 'A'란 회사가 너무 좋다고, 지속 성장이 가능하고 최근 AI 분야에서 엄청난 강세를 보이며, 과거에는 이랬고 저랬고…, 이런 쓸데없는 내용은 쓰지 말자. 백날 기업 분석을 해봐야 지원 동기는 나오지 않는다.

지원 동기가 지원 동기로 느껴지게 하려면 자기 자신이 드러나야 한다. 그리고 자신이 드러나려면 매번 강조하듯 사례가 디테일해야 한다.

기업이 필요로 하는 인재인지 자신을 다시 파악하고 그와 일치한다면 디테일한 사례로 자신 있게 고백하자. '회사는 꼭 나를 뽑아야 한다', '나는 이렇고 저렇고 하니 뽑지 않을 수 없을 것이다'라는 마인드로 말이다. 이런 당돌함을 보여주려면 더욱 디테일한 사례와 결과로 승부를 걸어야 한다.

일반적으로 자기소개서는 기업에게 프러포즈하는 것으로 비유된다. 기업을 좋아하는 상대로 정하고, 그 사람에게 나를 소개하고 마음을 전달한다고 상상하자. 상대가 당신에게 이렇게 묻는다면?
"넌 나를 왜 좋아해?"

"그냥"이라는 답은 오답이다. "예뻐서 좋아" 또는 "마음이 착해서 좋아" 정도면 그건 그저 기업 분석 내용을 하나둘 읊어주는 것밖에 안 된다. 상대방이 나를 좋아하는 것을 알아챘다. 그래서 나를 왜 좋아하는지 물어봤을 때 그 사람에게 어떤 대답을 원하는가? 나와 그 사람 간의 공통점 또는 함께했던 경험에서 그 사람이 호감을 느낀 자세한 부분을 듣고 싶을 것이다. 그게 오해라고 해도 말이다.

예를 들어, "저번에 '귀신의 집' 기획할 때 열정적으로 행동하는 모습이 너무 멋있었어. 뭘 해도 책임감과 열정으로 임할 것 같았거든. 난 그런 열정과 책임감 있는 사람과 함께하고 싶어"처럼 말이다. 이처럼 기업에 지원 동기를 작성할 때에는, 기업과 자신과의 공통점 기업과 함께 했던 경험들을 토대로 구체적이고 솔직하게 얘기해야 한다.

그런데 경험도 없고 공통점도 없고 연관도 없다면 어떻게 작성해야 할까? 못 쓴다. 파트1의 자기 자신에 대한 복습으로 돌아가라. 지원 동기를 찾는 가장 쉬운 방법은 파트1에서 강조하는 '직무'에 대한 동기를 찾는 거다.

지원자들이 지원 동기란에 회사에 대한 소개와 기업 분석을 주로 하는데, 기업 분석을 제대로 하는 친구들을 본 적이 별로 없다. 분석을 할 거라면 그저 정보를 나열하는 데 그칠 것이 아니라 기업 연매출이 왜 변동했는지 뉴스도 찾아보고 그에 대한 자기의 생각과 아이디어를 정리해야 한다. 그런데 이는 취준생들에게 어렵고 힘들게 다가온다.

그렇기 때문에 기업 분석이 어려울 경우 직무에 대한 동기로 풀어가는 것이 좋다.

"저는 국문학과라서요" 또는 "저는 토목공학을 공부하면서 도로공학에 관심이 많았어요" 정도의 동기 말고 스토리텔링으로 작성하면 깊이 있는 이야기를 할 수 있다.

예컨대 토목공학 전공 중 도로공학 실험을 하다 느낀 점을 사례로 설계 직무를 희망하는 이유를 다음과 같이 풀어볼 수 있다.

"토목공학 전공 중에 도로공학 실험이 있었습니다. 원심력에 대한 관심이 많았었는데 클로소이드라는 것을 배우게 됐습니다. 이는 중심으로부터의 거리가 곡률 반지름에 반비례하는 나선으로, 정속으로 달리는 자동차의 핸들을 일정속도로 회전시켰을 때 자동차가 그리는 선과 일치합니다. 그래서 고속도로에 완화 곡선으로 이용되는데, 저에겐 공학이 마치 황금비율에 따르는 디자인을 하는 것처럼 느껴졌습니다. 이는 도로설계 분야로 방향을 굳힌 계기가 되었습니다."

또는 국문학과인데 S기업의 인턴을 하며 마케팅 직무에 대한 관심이 확장되었고 그곳에서 자신의 역량을 발견해 마케팅 직무를 희망하게 되었다는 이야기를 풀어본다면 어떨까. 즉 크든 작든 본인들만의 경험 자체가 지원동기가 될 수 있다는 것이다. 그 사례를 근거로 직무에 대한 자신감을 표현해준다면 그것이 뚜렷한 지원 동기가 된다. 추가로 회사 기여도도 적는 걸 잊지 말자.

결론적으로 취업에서 가장 중요한 것은 경험이다. 저학년 학생들은 미리 다양한 경험을 해보자. 그 과정에서 꿈과 진로가 뚜렷해질 거다. 진로 및 직무가 정해졌다면 관련된 경험으로 역량을 쌓아보자. 졸업을 앞둬 마음이 급해진 지원자들도 늦지 않았다. 취업을 못한 상태로 졸업을 해도 늦지 않았다. 경험하자.

이런 저런 경험도 없고 지원 동기가 없다면 지금부터 만들자. 찾아가자. 당신을 뽑아주길 바라는 그 회사, 그 인사담당자를. 그 앞에 가서 경비아저씨와 인사라도 한번 해보자. 회사 문 앞에서 퇴근 시간에 맞춰 구두닦이라도 한번 해보자. 거리에 나가 자기소개와 함께 지원 동기를 크게 외치며 자신의 모습을 녹화해보자.

이런 용기를 내보는 것도 인생의 큰 경험이다. 정말 그 기업에 가고 싶은 사람이라면 이런 용기는 낼 수 있다. 부끄럽고 힘들다면 그 기업, 공사현장, 공장 열 바퀴를 크게 돌아보자. 이런 일은 아무나 못한다. 하지만 아무나가 아닌 단 한 명이 될 용기를 갖는다면 남들과 차원이 다른 뭔가를 느낄 수 있을 거다.

그게 바로 당신의 지원 동기다.

예) 지원동기 및 포부 작성 샘플

"LGD(LG디스플레이) 지원동기가 무엇인가요?"

수정 전

제가 LGD에 지원하게 된 동기는 LGD의 '배려와 경청'이라는 핵심가치가 저에게 와 닿았기 때문입니다. 저는 어려서부터 성격이 밝고 남을 배려할 줄 아는 사람이라는 말을 많이 들으며 자랐습니다. 부모님께서도 워낙 예의를 중요시하고 자기 자신보다는 다른 사람을 생각할 줄 아는 사람이 되라고 하셨습니다. 저 또한 사람과 사람의 관계에 있어서 배려와 경청은 아주 중요한 요소라고 생각합니다.

이러한 가치관 때문에 대학교에서 했던 Marketplace라는 가상시뮬레이션 프로그램 참여 시에 CEO 역할을 맡았었는데, 1사분기에서 저희 회사는 매출이 제일 저조한 기업이었습니다. 하지만 저는 팀원들의 생각을 경청하고 그걸 바탕으로 팀원들과 기업을 운영한 결과 1등을 할 수 있었습니다.

그리고 비서에게도 가장 필요한 요소는 배려와 경청이라고 생각합니다. 비서는 상사와 가장 가까운 동료입니다. 비서가 상사에 대한 배려 없이 자기 자신만의 생각을 고집한다면, 상사와 비서는 서로 좋은 관계가 될 수 없을 것입니다.

제가 LGD에 입사한다면, 비서가 상사의 그림자인 만큼 자기 자신보다는 상사를 먼저 생각하고 배려하며, 상사의 말씀 하나하나를 경청해 사소한 부분까지도 기억하여 '누구보다 가까운 존재가 될 수 있도록 노력할 것입니다. 또한 LGD의 핵심가치에 따라 배려와 경청을 항상 생각하며, 전문비서, 열정을 가지고 있는 비서가 되겠습니다.

수정 후 자신이 기업과 함께 했던 경험을 위주로 훨씬 구체적으로 수정한 사례이다.

[기숙사도 맘에 드는 LGD]

대학시절 과제 중에서 기업의 복리후생 제도에 대한 주제를 가지고 발표를 하는 것이 있었습니다. 기업을 선정하기 위해 고민을 한 끝에, 2011년에 GWP 대상을 받은 LGD를 선정하게 되었습니다. 그래서 LGD의 복리후생에 대한 조사를 하는 과정으로 '디:플' 블로그를 찾게 되었고, LGD에는 피트니스·도서관 등 시설이 너무나도 잘 갖추어진 여자 기숙사와 사내 보육 시설, 여자라면 누구나 탐낼 만한 좋은 복리후생 시설들이 있었습니다. 그리고 전 세계 대형 TFT-LCD시장 점유율 27.9%로 확실한 1위를 차지하고, 지속적으로 발전하는 모습에 매력을 느꼈습니다.

어느새 저는 자연스럽게 LGD에 입사하여 일하는 상상을 하게 되었고, 그것은 곧 저의 목표가 되었습니다. LGD에 입사를 하기 위해서는 좀 더 전문적인 비서가 되어야만 했습니다. 그래서 졸업 후에 영어공부도 하고, 경영학사도 준비하며, 사무능력을 키우기 위해 지인들 회사에서 사무보조로 일을 도와주기도 했습니다. 그렇게 열심히 입사를 위한 자기계발을 하던 중 뜻하지 않게 LGD에 입사할 수 있는 기회가 왔습니다. 그 순간 저는 '기회는 준비된 자에게 온다'라는 문구가 떠올랐습니다.

제가 LGD에 입사하게 된다면, 저의 상사님과 더불어 일의 효율성을 높일 수 있도록, 비서과에서 미리 실습을 해본 일정관리, 전화업무 및 문서관리 경험을 실무에 응용하겠습니다. 그리고 국내 최고령 비서이신 전성희 님처럼 저도 LGD에서 단순히 회사 내 업무를 하는 비서에 국한되지 않고, 상사님의 비즈니스 파트너로 맹활약하겠습니다. 마지막으로 저의 특유의 적응력으로 빠른 업무습득과 팀워크를 발휘하여, LGD에 꼭 맞는 톱니바퀴가 되겠습니다.

차라리 글자 수를
넘치게 작성하라

글자 수 1000자 또는 1200자 내외로 작성하라는 머릿속 하얘지는 자기소개서. 글자 수 400자 내외, 600Byte 내로 작성하라는 답답한 자기소개서. 세 문장으로 아니, 한 문장으로 작성하라는 황당한 자기소개서. 도대체 어떻게 작성해야 할까?

대부분 자기소개서의 글자 수 맞추느라고 여기저기 프로그램 돌리거나 채용사이트 글자 수 맞추기에서 작성을 한다. 컨설턴트가 구조 맞추라고 알려준 것들을 다 무시하고 그런 방식으로 적는 지원자들을 보면 당황스럽다.

일반적으로 자기소개서는 700~800자 정도로 완성이 된다. 800자로 작성해놓은 상태에서 1200자로 적으라면 400자를 어떻게 추가해야 할까? 막막하다. 반대로 800자로 적어둔 것을 400자로 적으라면 어떻게 줄여야 할까? 이건 좀 해볼 만하다. 그렇다. 글자 수 맞추기의 답은 이미 나와 있다.

컨설턴트 내용을 보니깐 뭘 얘기하고 싶은 건지 전혀 모르겠는데요?

취 준 생 글자 수 400자 제한이라서 쓸 공간이 부족했어요.

컨설턴트 한 문장으로 딱, 하고 싶었던 이야기가 뭔가요?

취 준 생 일단 사례가 필요하다고 해서 쓰려고 하니깐 제한된 글자 수가 너무 적어서 이것저것 다양하게 해본 것들을 써봤어요.

컨설턴트 글자 수에 신경 쓰지 말고 한 가지 역량을 보여줄 수 있는 사례를 800자 정도로 구체적으로 작성해보세요.

취 준 생 400자 제한인데요?

400자 제한이라고 해서 처음부터 400자에 맞추느라 고생하지 말자. 190㎖의 일반적인 컵에 최대한 많은 물을 따라보라고 한다면 어떻게 물을 채워야 할까? 간단하다. 말 그대로 물을 컵 끝까지 따르면 된다. 애써 맞춰 따르는 것보다 더 쉬운 방법은 그냥 물을 넘치게 따라버리는 거다. 그렇게 흘러서 넘친 물은 버려지고 컵엔 최대한 많은 물이 따라져 있을 거다.

이처럼 글자 수를 맞추는 방법은 간단하다. 넘치게 적고 쓸데없는 단어와 문장들을 과감히 버리자. 그럼에도 1200자를 어떻게 적느냐고 묻는다면 사례 두 개를 같이 적는 방법이 있다. 1200자로 적으려면 두 가지 사례로 자신의 역량을 두 가지 얘기하거나 또는 한 가지 자신 있는 역량을 더욱 강력하게 어필하면 된다. 400자는 600자를 적고 600자는 800자를 적고 800자는 1000자로 우선 작성하자. 이후 줄여가는 방식으로 하면 말하고자 하는 바를 담백하게 요약할 수 있게 된다.

한 문장으로 적으려면 어떻게 해야 할까? 작성해놓은 자기소개서 사례 중 한 문장만 적자. 자기소개서 구조는 [소제목 + 한 문장 요약 + STTARF + 회사 기여도]이다. 한 문장 요약은 STTARF 내용에서 키워드들을 잡고 단어 순서를 조정하면서 임팩트 있게 조합해주면 된다. 그런데 왜 한 문장으로 쓰라고 하는 것일까? 말하고자 하는 바가 뭔지 한눈에 보고 싶어서이다. 자세한 내용은 어차피 면접에서 들을 수 있다.

한 문장이든 200자든 400자든 800자든 1200자든 작성하는 방법을 배웠다. 그런데 어떻게 쓸데없는 문장과 단어를 지울까? 줄이는 방법 또한 간단하다. 글자 수를 줄여가는 방법은 젠가(Jenga) 게임을 하듯이 단어나 문장을 하나둘 빼면서 읽어보면 된다. 쓸데없는 단어를 지우다 보면 어느 순간 원하는 양의 글자 수가 맞춰져 있을 거다. 기준을 넘어 더 지웠다고 해도 좋다.

다시 말하지만 처음부터 짧게 쓰기 시작하면 진짜로 하고 싶은 이야기를 쓰지 못할 수도 있다. 그러다 보면 역량을 보여줄 수 없다.

만약 혼자서 수정을 해야 하는 상황이라면 쓸데없는 내용이 뭔지 애매할 수도 있다. 우선 반복적인 단어 및 내용을 과감히 지워보자. 그리고 말하고자 하는 바와 상관없는 부연 설명들을 지우자. 부연 설명의 경우 자세한 설명이 본인의 다른 역량을 보여줄 수 있을 것 같다면 적는 것도 나쁘진 않다.

하지만 400자 내외라는 글자 제한에 있어서는 '한 가지의 역량을 정확히 표현하는 것'이 더 중요하다는 것을 잊어서는 안 된다. 또 다른 역량들을 보여주고 싶어 나열한 것이 많다면 과감히 지워내자. 인사담당자에겐 한 가지 사례로도 역량을 충분히 보여줄 수 있다.

이렇게 내용을 줄이고 나면 지원자가 하고 싶은 말을 전달하는 데 필요한 것들만 짧은 글 안에서 보이기 시작한다. 하고 싶은 이야기와 보여주고 싶은 역량이 많이 있을 테지만, 그것은 면접에서 보여주도록 하자.

당신이 혼자
끙끙대는 동안에

컨설턴트 내용을 보니깐 진짜로 하고 싶은 이야기보다는 쓸데없는 이야기가

많네요?

취준생 일주일을 고민해서 써봤는데 어떻게 표현해야 할지 모르겠어요!

컨설턴트 그래요? 하지만 현실적으로 가능한 이야기인가 싶은 게 많아요.

취준생 솔직히 말씀드리면 각색한 게 있어요.

컨설턴트 각색 수준이 아니라 소설 같다는 생각이 들어요. 솔직하게 얘기해볼

까요?

지원자들이 싫어하는 '심화 면접'은 왜 생겼을까? 그것은 일
부 지원자들이 자신이 만들어낸 '자소설'을 갖고 지원하기 때문

이다. 인사담당자들은 그런 자기소개서와 면접 답변들이 정말 사실인지 밝혀내고 싶어 한다. 자기소개서를 쓸 때 조금의 과장이 필요한 것은 맞다. 그렇다고 허구적인 이야기를 쓰는 것은 문제가 있다. 있는 그대로의 모습에서 역량을 얘기할 수 있어야 한다.

실제 경험을 기반으로 하여 정말 말하고 싶은 이야기를 정리하자. 그래야 인사담당자들이 보고 믿을 수 있다. 디테일, 더 자세하게를 강조하는 이유가 바로 사실을 근거로 작성하기 위해서다. 디테일하게 사례를 작성하다 보면 어디서부터 어디까지가 사실이고 어느 부분이 허구라는 것이 보인다.

소설을 쓰는 것이 아니라 수필처럼 자신의 경험을 근거로 한 자기소개서를 써야 한다는 점을 명심하고 또 명심하자. 과장을 하거나 허위사실을 늘어놓지 말고 정확한 수치나 기준이 될 수 있는 내용을 써서 신뢰감을 형성하자. 그래야 서류 합격 후 면접에 가서도 당당하게 면접관 앞에서 자신을 어필할 수 있다.

그리고 전문 컨설턴트와 직접 상의해서 수정해보고 싶다면 일주일, 한 달 넘게 시간을 보내면서 고민한 후 컨설팅을 받지 말자. 혼자서 백 번, 천 번 고민하는 것보다는 빠르게 작성하고 수정할 부분을 피드백 받는 과정이 여러 번 반복되는 게 훨씬 정확하다. 일주일 고민해서 써온 자기소개서와 오늘 수정해서 가져온 자기소개서가 생각보다 큰 차이가 없기 때문이다.

컨설턴트　왜 이런 식으로 썼어요?

취 준 생　이번 합격 자기소개서를 다운 받아서 비슷하게 썼는데요?

컨설턴트　글은 잘 쓰신 것 같은데. 컨설팅 받으신 건가요?

취 준 생　무료 컨설팅이 있어서 받았는데, 몇 가지 고쳐주시고 잘 썼다고 하셨어요.

컨설턴트　글은 잘 썼는데 정말 필요한 내용이 하나도 없어요.

취 준 생　합격 자기소개서와 비슷한데 뭐가 부족한가요?

인터넷에 떠도는 합격 자기소개서를 찾고 있는 지원자들, 그 자기소개서를 어떤 근거로 합격 자기소개서라고 믿을 수 있을까. 필자가 찾아보니 합격 자기소개서 중 좋은 내용으로 작성된 것이 없었다. 왜 그럴까? 그것은 그 사람이 어떤 스펙을 가지고 있는지 전혀 알 수 없기 때문이다. '고스펙'을 가지고 있는 지원자의 것일 수도 있고, 회사와 친밀한 관계가 있는 지원자일 수도 있다.

최근에는 인증을 하거나 자신의 스펙을 적어두기도 하는데, 그건 어차피 그 사람의 이야기다. 그 사람의 인생과 경험, 그 경험에서 만들어진 성격과 능력이 뒷받침되었기 때문에 가능한 것이다. 그 자기소개서와 비슷하게 적는다고 내 인생이 되지 않는다는 것을 인정하자.

그리고 무료 컨설팅이 '만사 OK'라고 생각하는 지원자가 많다. 인터넷의 무료 컨설팅을 믿지 못하는 것은 아니지만 하루에도 수

많은 지원자의 입사서류를 컨설팅하다 보면 많은 수정을 할 수 없기 때문에 정확하고 꼼꼼한 피드백은 어렵다.

당신이 컨설턴트라고 생각해보자. 2시간에 40명을 컨설팅해야 하는 경우가 있다. 그럼 1시간에 20명을 컨설팅해야 한다. 좀 더 쪼개서 30분에 10명, 10분에 3명꼴로 컨설팅을 해줘야 하는데, 1명당 3분으로 어떤 컨설팅을 할 수 있을까. 그저 쓱 읽고 구성을 다시 잡아보라거나, 처음부터 사례를 새로 찾아야 한다거나, 이 정도면 잘 썼고 더 디테일하게 작성해보라는 정도밖에 해줄 수 없을 것이다.

이것이 일반적으로 경험이 적은 컨설턴트들의 다수 인원 컨설팅 방법이다. 게다가 무료 컨설팅은 큰 부담 없이 진행이 가능하다. 돈을 받지 않는 사원이 얼마나 많은 집중과 관심을 기울여 컨설팅을 해줄 수 있을까.

우리가 받아야 할 것은 무료 서비스가 아니라 정확하고 신뢰할 만한 컨설팅이다. 이전 챕터에서 얘기했듯이 가장 빠르고 쉬운 방법은 교내 취업센터이고, 전문적이고 집중된 컨설팅을 받고 싶다면 필자와 같은 컨설턴트를 만나는 방법도 있다.

꼼꼼하게 진행된 컨설팅을 받고, 열심히 노력해서 합격하게 된 자기소개서를 누구나 볼 수 있는 곳에 올리는 사람이 있을까? 누구라도 그런 자기소개서를 쉽게 올려놓진 않을 것이다. 그리고 많은 컨설팅을 동시에 진행해야 할 상황이 생기면 필자도 놓치는 것이 너무 많은데 이를 무료로 한다면 얼마나 꼼꼼하게 할 수 있을까. 필자와 함께 컨설팅을 진행한 친구들은 자신의 합격 자기소개서를 이후 지원자들이 참고할 수 있도록 컨설턴트에게 전달한다. 자신이 할 수 있었던 것처럼 지원자들이 자신감을 갖고 희망 기업으로 도전할 수 있도록 돕고 싶어서 말이다.

쉽게 얻은 자료는 그만큼 다른 사람들에게도 쉽게 노출되어 좋지 않은 정보가 될 가능성이 높다. 앞으로 남의 합격 자기소개서를 찾기보다 나의 합격 자기소개서를 완성하려는 열정을 가지고 노력하길 바란다.

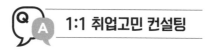

1:1 취업고민 컨설팅

Q6. 자기소개서를 피드백 받고 싶습니다. 컨설턴트와 상담할 자금적, 시간적 여유가 없다면 주변 사람에게도 보여주고 피드백을 받는 게 나을까요? 자기소개서를 스스로 만족스럽게 썼다면 그 다음 더 발전시킬 방법이 있는지 궁금합니다.

• 자기소개서에 정답은 없습니다. 취업 컨설턴트와 만날 수 있는 여유가 없다면, 30대 이상의 성인 누구에게나 보여주셔도 상관은 없다고 생각합니다. 다만, 글을 잘 썼다 못 썼다의 피드백을 받더라도 절대 신경 쓰지 않는 것이 중요합니다. 기업에서는 글을 잘 쓰는 사람들을 뽑는 것이 아닙니다. 앞으로 주어지는 업무를 잘 수행할 수 있는지에 대해서 궁금해하므로 그것을 빠르게 보여줄 수 있는 자기소개서를 선호합니다.

컨설팅할 때 제가 보는 기준은 입사서류를 보는 순간 내용이 이해되느냐입니다. 그리고 그 내용이 정말로 내가 찾는 인재인가입니다. 뻔한 이야기, 궁금하지 않은 이야기의 나열은 경쟁력이 없습니다. '내가 어떤 일을 한 사람이다'가 아니라 '내가 어떤 사람이다'가 중요합니다. 어떤 일을 한 사람이다는 학생회장, 과대표, 장학생이었음을 늘어놓는 사람이고, 어떤 사람이다는 '어떤 역량을 통해서 학생회장 시절 어떤 성과를 만들었던 경험을 가지고 있습니다' 식입니다.

누구에게 보여주든지 "내가 하고자 하는 이야기를 알겠어?"라고 물어보고, 그렇다고 하면 어느 정도 경쟁력 있는 자기소개서라고 보시면 됩니다. 하지만 그것이 아니라 내가 한 일만 강소되면 경쟁력이 떨어지는 자기소개가 될 수 있겠죠?

예) 취준생 제출 자기소개서

> 상황을 긍정적으로 바라보는 마인드와
> 순간 위기대처능력이 있습니다.

여름방학 동안 영양사 업무를 배울 수 있었던 경험을 하였습니다. 부천시 어린이 급식센터에서 어린이를 대상으로 한 요리 프로그램에 참여하였습니다. 여름이기 때문에 책임자로서 재료 준비에 최선을 다했습니다. 그러나 뜻하지 않게 재료에 문제가 생겼고, 결국 대체 식품으로 바꿔야 하는 상황이 발생했습니다. 저는 문제가 생긴 김치의 대체 식품으로 단무지를 생각해냈고, 제안을 하였습니다. 수업 시작을 앞둔 긴급한 상황이었고, 제안이 받아들여져 재빨리 단무지로 대체하였습니다. 이처럼 저는 이 요리 프로그램 책임자였기 때문에, 강한 책임감으로 평소처럼 재빠른 행동과 상황대처 능력으로 위기를 모면할 수 있었습니다.

1차 컨설팅 결과

> 신 김치를 단무지 무침으로 대체한
> 위기대처능력

부천시 어린이 급식센터에 아동을 대상으로 한 프로그램에 참여한 경험이 있습니다.

여름에 뜨거운 날씨로 인해 아이들이 먹기에는 김치가 너무 시어버렸었습니다. 저는 수업 시작을 앞둔 긴급한 상황에서 빨리 구입 가능하고 간단하게 만들 수 있는 단무지 무침으로 변경하자고 제안하였고, 결과는 성공적이었습니다. 또한, 사용하지 못한 김치를 활용하는 방법으로 다음 수업 때 김치볶음밥을 재료로 사용하기를 제안하였습니다. 매주 정해져 있는 예산에서 프로그램을 진행하게 되는데, 다음 주 예산을 급하게 단무지 무침을 만드는 데 사용했기 때문에 예산도 맞출 수 있는 방법이었습니다. 일을 진행하다 보면 뜻하지 않은 위기가 닥칠 수 있지만, 저는 효율적인 방법으로 위기를 모면할 수 있는 위기대처능력을 겸비하고 있다고 자부합니다.

2차 컨설팅 결과

["영양사님, 김치가 너무 시었어요."]

부천시 어린이 급식센터에서 영양사로 인턴을 하던 시절, 점심시간 1시간 전에 들은 이야기였습니다. 아이들이 먹기에는 김치가 너무 많이 시었기 때문에 도저히 점심 반찬으로 내놓을 수가 없었습니다. 저는 빠른 시간 내에 조리가 가능하고 아이들이 좋아할 만한 '단무지 무침'을 만들자고 제안을 하였고, 제안이 받아들여져 무사히 아이들에게 맛난 점심을 제공할 수 있었습니다. 또한, 신 김치는 다음 날 김치볶음밥을 만들어 제공하는 제안으로 한 주간 사용해야 할 재료를 추가 구입 없이 해결했던 경험을 가지고 있습니다.

PART 5
면접

한 번에
최종까지 합격하기

면접에서
합격할 수밖에 없는 힘

면접 광탈의 이유가 뭘까. 많은 지원자들이 면접을 보는 동안 시선도 못 마주치는 경우가 많다. 모의 면접도 아니고 면접 연습을 하면서도 바닥이나 천장을 보기도 한다. 면접이 장시간 이뤄지다 보니 엉덩이를 빼고 기대앉았거나 비스듬히 앉는 경우도 많다. 자신도 모르게 다리를 벌리고 있기도 한다. 무의식적인 행동으로 다리를 떨거나 손을 까딱까딱 거리는 경우 당연히 면접관에게 안 좋은 인상을 주게 된다. 이런 행동들 외에도 준비되지 못한 다양한 모습이 나오니 탈락할 수밖에 없는 상황들이 생기기 마련이다.

지원자들이 생각하는 면접 탈락의 이유는 뭘까? 탈락한 지원자들에게 왜 탈락한 것 같은지 그 이유를 들어보면 다양하다. 우선 준비를 많이 한 지원자들은 어필할 시간 여유가 없었다거나 면접 분위기가 이상했다고 한다. 그리고 같이 들어간 다른 지원자와 비교해서 스펙 또는 경험이 부족했던 것을 이유로 든다. 급하게 준비했던 지원자들은 긴장을 많이 했다거나 자신감이나 준비 시간이 부족했다고 얘기한다. 준비가 너무 없었던 지원자들은 대부분 자신의 탈락 이유도 모르겠다고 하는 경우가 많다.

무슨 이유로든 탈락했다면 아쉽지만 자신을 다시 분석해봐야 한다. 모르겠다고 끝내면 안 된다. 오답을 냈으면 복습을 해서 다른 시험에서는 틀리지 않도록 해야 성장한다.

면접관들은 대부분 탈락 이유로 첫째, 인재상에 맞지 않았다고 말한다. 여기서 인재상은 기업의 인재상 서너 가지 단어를 넣어 이야기했는가의 문제가 아니다. 기업의 인재상을 기본으로 하고 있으면서 직무 부분에서 역량과 사례들이 잘 연계되고 있는지를 얘기하는 것이다.

글로벌 인재를 원하는데 글로벌하다고 말만 하는 사람을 뽑을까. 그것은 사례로 증명이 되어야 한다. 인재상에 안 맞았다고 한다면 기업 분석과 자기 분석을 다시 해서 전략적으로 본인을 어필하면 해결된다.

탈락 이유 두 번째, 실질적인 역량이 부족해서다. 역량은 업무상 따라올 수 있는지, 성장하여 회사에 기여할 수 있는지를 보는 것이다. 이런 경우 자기 분석 후 능력에 맞는 직무와 기업을 선정하는 것이 바람직하다. 또는 희망 기업과 직무를 목표로 해서 그에 맞는 경험과 역량을 키워 재도전하면 된다.

마지막으로 탈락의 가장 중요한 이유. 바로 자신감이다. 자신감 없는 모습은 자신의 역량을 반 이상 깎아내린다. 아무리 뛰어난 인재라도 면접관 앞에서는 어설프고 뒤처지는 느낌을 줄 수밖에 없다. 그리고 자신감이 부족한 경우 해결할 방법이 없다. 마인드의 문제는 자기 자신이 극복해야 한다.

자신감이 부족한 이유는 뭘까. 일단 소심한 성격 때문이다. 소심한 이유는 다양하다. 자신감이 부족한 이유로 외모를 많이 얘기한다. 너무나 멋지고 예쁜 모습을 갖고 있음에도 말이다. 또는 스펙이 부족한 상태에서 지원했다거나 실질적인 준비가 부족해 자신이 없었다고 얘기한다.

반대로 자신감이 넘쳐 탈락하는 경우도 있는데 이는 학벌, 스펙 등으로 자만한 경우가 그렇다. 이런 자만함은 태도와 말투에서 금방 나타난다. 또는 역량과 스펙이 부족함에도 자아도취에 빠진 지원자들이 꽤 있다. 이런 지원자들은 현실성이 부족한 지원자들이다.

당신은 자신의 자신감을 100점 기준으로 할 때 몇 점을 주고 싶은가? 우리는 이력서, 자기소개서, 면접, 모든 과정에서 자신의 능력을 최대한으로 보여줘야 한다. 그런데 자신의 역량과 인성을

100퍼센트 아는 사람은 없다. 면접에서 자신을 어필하고 오지 못함을 후회하고 아쉬워하며 집으로 돌아오는 경우가 태반이며 특히 자신의 약점, 단점을 간파당하는 순간 눈앞이 깜깜해지고 말도 못하고 온다. 우린 자신의 역량을 장점만 파악할 것이 아니라 약점과 단점도 객관적으로 인지하고 있어야 한다.

아르헨티나의 유명한 축구선수 메시는 "모든 단점은 장점이 된다"라고 말하기도 했다. 170센티미터 정도의 작은 신장인 그는 무게중심이 아래에 있어 밸런스가 뛰어나 넘어지지도 않고, 드리블과 슈팅 등 기본기에 민첩성이 더해져 순발력이 뛰어난 기술들을 선보였다. 작은 신장을 극복한 것이 아니라, 작은 신장으로 이기는 경기를 보여줬다.

우리도 자신의 단점과 약점을 알고 이것을 장점화할 수 있다면 이길 수 있다. 그게 자신의 능력을 100퍼센트 가깝게 해주고 여기에 도전정신이 얹어지면 곧 진정한 자신감이 된다.

미국의 철학자 랄프 왈도 에머슨은 "자신에 대한 자신감을 잃으면, 온 세상이 적이 된다"라고 말했다. 자신감은 타인이 만들어줄 수 없다. 면접관과 대면할 때 그를 적으로 상대하고 싶지 않다면 철저한 자기 분석과 준비, 연습을 해서라도 자신감을 끌어올려야 한다.

면접 준비를 하는 과정에서 준비 부족이라는 말은 나오지 않게 하자. 우선 첫 번째로 자신에 대한 복습을 하자. 혼자 생각하지 말고 가족, 친구, 지인들의 이야기를 들어보자. 솔직한 약점 및 단점도 듣고 인지하자. 그래야 그 단점을 장점화시킬 전략을 짤 수 있다. 두 번째, 자기소개 및 다양한 면접 질문에 대한 답변을 준비하자. 서론 본론 결론으로 키워드 세 개만큼은 기억하고 그에 맞는 사례를 말할 수 있도록 준비해야 한다. 세 번째, 반복적인 연습이 필요하다. 특히 면접의 경우는 스터디 형식으로 다대다 면접 연습이 좋다. 상황이 안 되면 혼자 거울을 보면서 연습을 하고, 이보다는 핸드폰으로 녹화하면서 자신이 직접 면접관이 되어 녹화된 자신의 모습을 판단해보는 것이 좋다.

실제로 면접장에 도착하면 긴장해서 준비했던 것들을 잊고 평소 습관이 본능적으로 튀어나오는 경우가 많다. 그런 긴장을 풀기 위해서 몇 가지 행동을 취해보자.

일단 면접장에 일찍 도착해서 몸과 마음을 가다듬고 환경에 적응하는 시간을 갖자. 옷 매무새를 정리하고 화장실에 다녀와서 여유롭게 안정을 취하면 큰 도움이 된다. 옆에 지원자들과 이야기도 나눠보자. 그리고 스트레칭과 심호흡을 천천히 해보자. 스트레칭은 긴장으로 수축된 근육을 이완시킴과 동시에 긴장을 풀어준다. 고개를 위로 들어보고, 어깨와 가슴도 쭉 펴보자. 이런 자신감 있는 모습을 취하면 실제로 정신도 맑아지고 자신감이 상승하는 기분을 느낄 수 있다. 심호흡도 천천히 해주면 심장박동이 늦춰지면서 긴장감이 덜 하다.

추가로 자기만의 긴장 해소법을 실천하자. 물론 타인에게 방해가 되지 않는 선에서 말이다. 마인드 컨트롤도 중요하다. 내가 최고라는 생각을 하자. 자신에게 100(능력)+1(도전정신)이라는 101점짜리 자신감이 있음을 기억하자.

1분 자기소개가
30초 만에 끝났다

컨설팅을 진행하면서 답답한 때가 바로 1분 자기소개를 교육할 때다. 지금 바로 당신도 1분 자기소개를 해보겠는가? 몇 문장이나 답할 수 있을지 궁금하다. 일반적으로 준비 과정 없이 자기소개를 하는 경우 서너 문장으로 끝나는 경우가 대부분이다. 쓸데없는 말로만 말이다.

이미 이력서에 있는 내용이거나 자기소개서에서 작성한 이야기로 말하는 경우가 많다. 특강이나 인터넷을 보고 배운 친구들은 나름 자신을 표현하는 문장 하나 정도는 말할 줄 안다. 하지만 지루하다. 같은 이야기, 같은 단어를 사용해서 그렇다.

면접관들은 비슷한 이야기를 너무나 많이 반복해서 듣는다.

1000명 이상 면접을 봤을 텐데 일반적인 자기소개 멘트를 시작한다면 인사담당자는 속으로 '얘도 비슷하네'라고 생각한다. 이것은 반대로 이목을 끄는 멘트 하나가 면접을 좌지우지할 수도 있다는 얘기다.

컨설턴트 1분 자기소개 해보세요.

취 준 생 안녕하십니까. 지원자 ㅇㅇㅇ입니다. 저는 ㅇㅇ학교에서 ㅇㅇ를 전공하였습니다. ㅇㅇ기업에서 최선을 다하는 모습을 보여드리고 싶습니다. 감사합니다.

컨설턴트 자기소개 다시 한 번 해보세요.

취 준 생 죄송합니다. 준비를 하지 못했습니다.

컨설턴트 1분 자기소개를 해야 하는데 10초만 겨우 넘기면 어떻게 하나요?

취 준 생 1분 자기소개는 준비 못했지만, 다른 걸 물어보신다면 충분히 대답할 수 있어요.

컨설턴트 지금처럼 자기소개를 하면 과연 질문을 해줄까요?

1분 자기소개만큼 확실히 준비가 가능한 좋은 기회는 없다. 그런데 이조차도 제대로 준비되어 있지 않은 면접자에게 후한 점수를 줄 수가 없다. 어쩌면 이후 질문이 나오지 않을 수도 있다. 면접장에 앉아 허수아비처럼 다른 지원자들이 하는 얘기만 듣고 오고 싶은가.

1분 자기소개는 면접의 첫 번째 시간이기도 하지만 합격과 불합격이라는 당락을 결정하는 아주 중요한 순간이다. 이 시간은 가장 빠르고 임팩트 있게 자신의 역량과 이목을 집중시킬 수 있는 좋은 기회다. 그만큼 짧은 시간이고, 조금만 보아도 준비가 되어 있는지 아닌지 분명하게 알 수 있으니 확실하게 준비해가도록 하자.

1분 자기소개는 왜 하필 1분일까. 일반적으로 대화를 할 때 한 사람이 일방적으로 40~50초 넘게 발언하면 상대방의 집중력은 떨어지게 된다. 면접관도 사람이라 집중 가능 시간 1분 내외를 기준으로 한다. 1분 넘게 늘어지는 이야기를 하고 있다면 면접관은 당신의 발언을 지루하게 느낄 것이다. 반대로 30초 정도로 너무 짧게 자기소개를 하면 준비 부족과 함께 성의가 없다고 느끼게 된다.

그뿐만 아니라 누구나 할 수 있는 이야기로는 면접관의 이목을 집중시킬 수 없다. 1분은 약 8~10문장. 다들 비슷한 자기소개를 작성하니 참신한 자기만의 표현이 필요할 수밖에 없다. 그리고 자신이 준비가 되어 있고 회사에서 열심히 일할 수 있는 사람이라는 것을 증명하려면 좋은 내용보다 떨지 않고 자신감 있게 발언할 수 있어야 한다. 그러니 반복적으로 자신감이 생길 때까지 연습을 하자.

자신에게 처음 주어진 그 1분이 본인이 원하는 회사에서 일을 할 수 있는 결정적인 순간임을 기억하자.

앞에서 '오로나민 CS' 관련 자기소개서를 소개했다.(165페이지) 컨설팅하면서 만든 이 키워드는 그 친구만의 키워드가 되었다. 희망 직무는 SA라는 판매 파트였고, 서비스 마인드가 중요했다. 이 친구는 함께 얘기하면 기분이 좋아지는 커뮤니케이션 능력을 가지고 있었다. 같이 이야기하다가 머릿속에서 갑자기 비타민 음료수 광고가 생각나 몸이 들썩거렸다. 이 키워드는 '구글' 검색에도 나오지 않는 독창적인 것으로 자기소개 키워드의 좋은 예이다.

창의적이고 독창적인 만드는 세로형, 가로형 발상법을 알아보자. 자신이 세로형에 자신이 있는지, 가로형에 자신이 있는지 파악해야 한다.

구(sphere, 球) 모양을 가진 것들이 뭐가 있을지 빠르게 열 개 이상 대답해보자. 어떤 사람은 공을 하나 떠올린 후 축구공, 배구공, 농구공, 야구공, 당구공, 골프공 등을 답할 것이고 또 어떤 친구들은 공을 하나 떠올린 후 눈, 행성, 눈덩이, 구슬, BB탄 등을 답할 것이다.

전자는 가로형, 후자는 세로형 발상이라고 한다. 가로형은 같은 종류의 생각을 나열하는 방식이고, 세로형은 다른 종류의 생각을 나열하는 방식이다. 두 발상법을 혼합하여 입체형 발상법이라고 한다.

'오로나민 CS'를 떠올린 것은 CS와 관련된 단어를 가로로 나열하고, 쇼핑이나 판매 등 직무적인 것이 아닌 광고 분야로 눈을 돌려 세로로 단어를 나열한 입체형 발상의 결과라고 할 수 있다.

일단 자기소개서 사례에서 기본적인 키워드들을 가로형으로 나열한다.

[M프랜차이즈, 아르바이트, CS, 보너스, 행복, 많은 손님]

이후 직무 키워드인 'CS'에 초점을 맞춰 세로형 키워드를 잡는다.

[CS, 고객, 미소, 판매, 숍, 긍정]

이 중에서 '긍정'이라는 키워드에 초점을 맞춰 다시 나열해본다.

[긍정, 미소, 활기]

여기에서 '오로나민C 광고'가 떠올랐고, 오로나민C와 CS를 조합하여 자연스럽게 [오로나민 CS]로 작성되었다.

자소서의 각 항목별 소제목은 시선을 끌고 전체적인 요약이 돼주는 것이 좋은데, 특히 이는 시선을 끄는 것에 좀 더 집중된 케이스이다. 오로나민C와 같은 활기차고 밝은 느낌으로 CS 직무의 역량을 보여줄 수 있도록 함이었다.

이렇듯 생각을 나열하고 조합하다 보면 새로운 분야의 새로운 단어가 만들어지곤 한다.

인터넷에 검색해도 나오지 않을 나만의 독창적인 키워드를 만들어보자. 이렇게 만들어진 키워드를 앞에 내세운다면 오랜 시간 지쳐 있던 면접관의 시선을 끌고 눈을 맑아지게 할 수 있을 것이다.

자, 키워드를 10초간 말했으니 우리에겐 50초의 시간이 남았다. 남은 50초를 어떻게 사용할지 모르겠고 할 말이 없다고 말하는 건 사례 정리가 안 되어 있는 지원자일 것이다. 앞 챕터 주요 사례 편의 엑셀로 사례 정리하는 방법을 복습하자. 정리를 한 지원자들이라면 자기소개서에 써먹지 않은 사례 중 하나를 고르면 편하다.

어떤 것을 골라야 할까? 일반 면접의 경우라면 기업 인재상이나 비전 중 나와 가장 잘 맞는 사례를 하나 고르면 된다. 실무자 면접과 임원 면접으로 나눠져 있다면? 아무래도 실무자 면접에서는 직무와 관련된 사례가 나오면 더욱 좋다. 임원 면접의 경우라면 회사의 비전에 맞는 열정이나 포부를 보여줄 수 있는 사례가 나오면 좋다.

그런데 사례를 그대로 가져다 쓰면 1분이 아니라 3분 정도가 필요하다. 어떻게 해야 할까? 400자를 200자로 줄이듯 쓸데없는 내용들을 과감히 생략하자. 상황보다는 문제점을 어떤 역량으로 해결했는지, 그 결과가 어땠고 이런 자신의 역량이 어떻게 회사에 기여할지를 보여주자. 1분이란 시간을 기준으로 대부분 8문장에서 10문장 정도로 맞춰 준비해보면 적당하다.

그리고 면접장에서 실제로 발언 차례가 오면 긴장을 하기 때문에 천천히 말한 것 같은데도 실제로 상대방이 들었을 때는 말이 빠르다고 느껴지는 경우가 많다. 평소 연습 시에 60초를 살짝 넘기는 정도라면 실전에서도 적당한 시간에 발언을 마무리할 수 있을 것이다.

예) 면접 1분 자기소개서 샘플

[롯데그룹 합격자 – 화학전공]

아래는 화학전공자로서의 역량을 보여주는 자기소개 사례이다. 세 가지를 체크하자. 첫 번째로 자신의 이름이 아닌 '달고나'란 단어를 활용해 면접관들에게 강한 인상을 줬으며, 두 번째로 한국의 대표 불량식품이라는 유머를 넣어서 좀 더 기억이 나게 하였고, 세 번째로 구조적 답변 요령(STAR)을 적용했다는 점이다.

한국의 대표 불량식품 '달고나'를 기억하십니까? 이 불량식품이 저에게 아주 좋은 소통의 도구로 사용되었던 경험을 가지고 있습니다. [첫문장]

대학교 2학년 여름방학, 인도의 방갈로로 봉사활동을 다녀왔습니다. 향신료 냄새와 더위, 무질서한 길거리까지 현실은 굉장히 힘들었습니다. 특히 현지 사람들의 경계와 냉대는 봉사활동을 더 어렵게 했습니다. [Situation 상황 / Task 문제 및 임무]

저는 그들의 마음을 열 방법을 고민하기 시작했고, 그 첫 번째가 그들의 식습관을 따라 숟가락을 버리고 손으로 식사를 하는 것이었습니다. 두 번째는 단 음식을 좋아하는 현지인들에게 어린 시절 먹었던 '달고나'를 만들어주는 것이었습니다. 화학전공자인 저는 현지에서 구할 수 있는 재료로 대한민국 대표 식품 '달고나'를 만들어 주었습니다. 결국 '달고나' 프로젝트는 현지인들이 레시피를 알려달라고 할 정도로 그들의 마음을 빼앗을 수 있었고 저는 봉사 활동을 무사히 마무리하고 돌아올 수 있었습니다. [Action 행동 / Result 결과]

이렇듯 저는 어려운 상황에서도 항상 헤쳐 나갈 작은 돌파구를 찾아내어 일을 해결해나가는 지원자라고 자부하고 있습니다. 앞으로 실험과 연구를 진행하며 해결되지 않는 많은 일들이 발생할 것이라고 생각합니다. 그때마다 항상 '달고나'에서 소통 방법을 찾았듯 기본부터 해결 방안을 찾아가는 인재가 되도록 하겠습니다. [회사 기여도]

[LG그룹 비서직 합격자 - 전문대학교 비서과]

항상 최선을 다하고 부지런하다는 점을 강조하기 위해 '맨 앞자리는 김하나의 지정석이야!!'라고 한 자기소개이다. 이 내용의 장점은 비서로서 자신의 강점을 강조했다는 것이다.

대학시절 맨 앞자리는 항상 저의 지정석이었습니다.

친구들은 제가 아닌 다른 친구들이 맨 앞자리에 앉으려고 하면 "맨 앞자리는 하나의 지정석이야"라고 말하면서 저에게 자리를 내주곤 했습니다.

그것은 대학에 들어와 성적우수 장학금을 받는 등 '나만의 힘으로 대학을 다녀야겠다'는 목표를 세우고 그것을 성취하기 위해 스스로의 약속을 만들고 실천하며 치열하게 노력했던 결과였습니다. 성적우수 장학금을 받기 위해서 세웠던 약속은 다음과 같았습니다.

첫째, 수업시간보다 30분 이상 일찍 나와 예습과 복습을 하며 수업을 준비하는 것이었습니다. 둘째, 교수님이 내주시는 과제를 당일에 바로 시작하는 것이었으며, 그 약속을 지키기 위해 수업이 끝나면 항상 도서관에서 9시까지 시간을 보내게 되었습니다. 셋째, 궁금한 것이 있으면 절대로 그냥 넘어가지 않고 교수님이나 선배들에게 질문을 하여 궁금증을 해결하였습니다.

이런 스스로의 약속을 끝까지 지켜내면서 대학시절 모든 학기 성적우수 장학금을 받으며 부모님의 부담을 덜어드렸습니다. 이렇듯 계획을 세우고 실천하는 인재로서, 주어진 업무에 항상 계획을 세워 목표한 일정 안에 해결해나가는, 회사의 평가 성적도 '우수' 점수를 이어갈 수 있는 직원이 되도록 하겠습니다.

[CJ그룹 합격자 – 4년제 전자과]

아래의 자기소개는 처음부터 끝까지 진심어린 내용을 전달하는 좋은 사례라는 점에서 소개한다. 입사서류, 면접 자기소개, PT 면접까지 이 지원자의 소개에는 한결같이 '진인사대천명'이라는 내용과 할아버지의 가르침이 나온다. 그다음엔 가르침을 실천하는 사람이라는 강조를 하고 있다. 어쩌면 가훈, 어르신의 가르침이 식상한 내용일지 모르지만 이 경우 정말로 그것을 실천하는 자신에 대한 어필이 잘 되어 있기 때문에 아주 좋은 사례.

'진인사대천명(盡人事待天命)' 이것은 저희 집 거실에 20년 넘게 걸려 있는 고사성어이자 생활신조입니다. 할아버지께서는 "항상 최선을 다한 뒤 하늘의 뜻을 기다려야 한다"라며 어린 저에게 요행을 바라지 말고 노력을 통해 얻는 것이 진짜 자기 것이 된다는 가르침을 주셨습니다.

이런 가르침의 영향으로 어떤 일을 수행할 때도 쉽게 얻기를 바라기보다 항상 최선을 다하고 그 결과를 기다리는 사람으로 성장을 하게 되었습니다.

대학시절 저는 기존의 틀을 깨는 창의적인 아이디어를 활용해, 사람들의 균형감각 발달을 위한 운동기구인 '밸런스 트레이너'를 만들어 공모전에서 입상했었습니다. 흔들리는 기구 위에서 얼마나 중심을 잘 잡는지를 수치로 보여주는 기구로서, 학생들을 대상으로 수많은 실험을 진행하여 계속적인 보완을 해갔으며 최종적으로 전국 공모전에서 입상을 하게 되었습니다. 자기 수치를 눈으로 확인해보면서 학생들이 신기해하고 즐거워하는 모습은 큰 보람이었습니다.

이렇듯 항상 최선을 다해서 노력을 하고 그 결과를 만들어가는 인재라고 자부하고 있습니다.

후회 없이 자기 역량을
다 보여주려면

면접에서 역량을 보여주지 못하는 이유가 뭘까? 가장 큰 이유는 직무와의 연계가 부족해서다. 사례를 얘기할 때 그 안에서 말하고자 하는 역량이 무엇이냐고 물어보면 자주 얘기하는 것이 성실함, 리더십 등이다. 그런데 이를 증명하는 사례로 학창시절에 지각이나 결석이 없었다는 것을 얘기한다.

당연히 하지 말아야 하는 일을 안 한 건 잘한 게 아니다. 지각, 결석을 하는 것이 잘못된 것이다. 해야 하는 것을 잘하는 것도 맞지만, 그것이 당신이 뛰어난 인재임을 보여주는 사례는 아니라고 생각한다. 그 사례를 말하고 싶다면 지각과 결석을 하지 않도록 시간과 자기관리를 철저히 했다는 이야기로 증명해보자.

학생회 활동을 해서 리더십이 있다? 학생회 활동이라는 경험은 좋다. 다양한 경험을 하게 되니까 말이다. 그렇지만 학생회 활동이 곧 리더십을 뜻한다는 겉도는 내용은 좋지 않다. 학생회 활동 중 구체적인 사례를 골라 나만의 꼼꼼함, 성실함, 창의적인 사고를 갖고 있음을 보여주도록 하자.

아니면 기업 및 직무의 필요 역량을 알아보고 다가가자. 한 기업의 회계 직무 필요 역량으로 투명성을 얘기했다고 하면, 본인이 학생회 예산 관리를 할 때 투명성을 보여줬던 사례를 강조해보자. 그 사례처럼 입사 후에도 회계 직무에서 투명한 회계 관리 및 업무 처리를 할 수 있다고 해야 믿음이 갈 것이다.

역량은 크게 두 가지로 나뉜다. 하나는 인성과 관련된 일반 역량, 또 하나는 NCS에서 구분한 직업기초능력 열 가지를 기본으로 하는 직무 역량이다. 의사소통능력, 수리능력, 문제해결능력, 자기개발능력, 자원관리능력, 대인관계능력, 정보능력, 기술능력, 조직이해능력, 직업윤리. 이렇게 열 가지가 있고, NCS 사이트에서 'NCS 및 학습모듈검색'에 있는 '직업기초능력'에 들어가면 각 능력들의 구체적인 설명을 볼 수 있다.

이제 'STTARF'의 구조로 정리한 자신의 사례에서 A(행동) 부분을 집중해서 보자. 구체적이지 않다면 자신의 행동 하나 하나에 대해 무엇을 어떻게 왜 했는지 작성해보자. 그러면 적지 못한 다른 역량도 찾아낼 수 있다. 이는 자기소개서 작성 시부터 하는 작업이지만, 이를 무시하고 작성하는 경우가 많다 보니 면접에서 답변 내용이 어지러워지고, 예상치 못한 질문이 나올 때 어떤 사례를 근거로 해야 할지 순간적으로 찾지 못하게 된다.

다음은 작성한 사례에서 일반 역량과 직무 역량에 대한 키워드를 찾는다. 우선 일반 역량을 다양하게 찾아보자. 이후 그 역량이 직무에서 어떻게 활용될 수 있는지 생각해보면 직무 역량으로 자연스럽게 분석이 된다. 이런 분석이 가능해지면 자신의 역량을 더욱 구체적이고 직설적으로 표현할 수 있게 된다.

'매사에 적극적이다', '컴퓨터 활용을 잘한다', '사람을 편하게 해주는 능력이 있다' 등의 일반 역량을 말한다면 면접관은 '그래서 어쩌라고' 이렇게 생각한다. 직무와 어떤 상관이 있는지 생각해보라. '창의적 발상이 뛰어남'이라는 일반 능력은 '문제해결능력'이라는 직무 능력과 연결시킬 수 있다. 다른 예로, 자신이 적극적으로 미래를 준비하고 계획하여 다양한 자격증을 취득했음을 근거로 '자기개발능력'이라는 직무 역량을 보여줄 수 있다.

인사담당자들이 말하는 면접 광탈의 가장 큰 이유는 인재상과 맞지 않는다는 것인데, 곧 기업에서 뽑고자 하는 직무의 인재가 아니라고 생각하기 때문이다. 기업의 인재상이 창의, 도전, 열정이라고 했을 때 창의적이지 않다고 해서 뽑지 않는 건 아니다. 회계 및 세무 직무에서 창의적으로 거래 내역을 작성한다면 어떻게 될까?

인사담당자들이 말하는 인재는 기업의 인재상을 바탕에 두고 직무적인 역량을 잘 발휘하여 기업에 이익을 주고 공동 성장을 이루는 사람이다.

그러니 회사 홈페이지에서 본 기업의 인재상 키워드에 집중하지 말고, 자신이 직무에서 역량을 보여줄 수 있음을 사례를 근거로 주장하라.

자기소개서 작성 시 제목과 한줄 요약을 가장 마지막에 하라고 했는데, 이쯤 되면 그 작업이 곧 면접 답변을 연습하는 것이었음을 깨닫게 된다. 즉 자기소개서 자체는 면접의 기초가 되니 전략적으로 작성해야 한다. 어떤 사례를 자기소개서에 쓰고, 어떤 사례를 면접 질문에 답할 근거로 쓸지 정해보자.

역시 여기서도 중요한 것은 사례 정리이다. 정리는 구체적으로 하라. 정리는 곧 자기 분석이다. 스킬만 갖고 면접을 준비하려고 했던 친구들은 지금이라도 다시 앞으로 돌아가 자신을 복습하며 기초를 단단히 하자.

면접은 집을 건축하는 것과 같다. 집을 지으려면 지면이 고르고 단단하게 잘 다져져야 한다. 자신에 대한 복습, 즉 사례 정리와 직무 이해 및 기업 분석, 기업 및 직무에 대한 충성도(정말 하고 싶은지) 점검은 지면을 다지는 활동에 비유할 수 있다.

지면을 고르고 단단하게 잘 다져놨다면 그 위에 기초 구조물로 기둥을 세운다. 기둥은 크게 세 가지로 인성, 직무, 조직에 대한 이

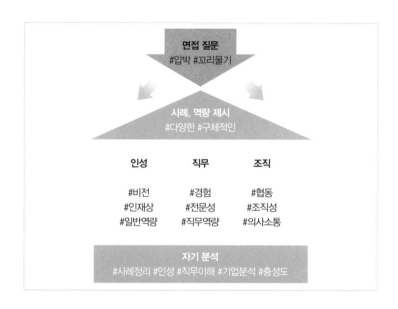

해다. 잘 다져진 자기 분석 위에 자신의 인성과 직무에 대한 이해, 그리고 조직적인 면을 보여줄 수 있다면 기초 구조물은 그 위에 압박 면접이라는 무시무시한 하중이 올라와도 강하게 버텨낼 수 있다. 또한 지붕 격인 다양한 사례를 더하면 하중을 분산시킬 수 있다.

구체적인 사례 없이 강력한 압박형 질문이나 꼬리물기형 질문을 이겨내기는 힘들다. 사례로 그 하중을 분산시켰다고 하더라도 기초 구조물인 인성, 직무, 조직에 대한 이해와 적용이 힘들다면 쓰러진다. 그 또한 고정이 되어 있다 하더라도 자기 분석이 되어 있지 않다면 기울어지거나 쓰러지기 마련이다. 기초를 단단히 준비해서 어떤 질문이 와도 자신감 있게 답변할 수 있기를 바란다.

꼭 나올 질문은
반드시 대비한다

면접 시 보너스 점수와 같은 기회가 바로 "마지막으로 하고 싶은 말 해보세요"라는 면접관의 마지막 질문이다. 그런데 여섯 개의 질문이 있었다고 할 때 기본적인 다섯 개의 질문에 좋은 답변을 해야 마지막 뒤집기 점수를 딸 기회라도 있지 않을까? 기본도 제대로 안 하고 보너스 점수를 챙기려는 것은 헛된 바람이다.

면접은 질문으로 시작해서 질문으로 끝난다. 하지만 이건 면접장에 들어갔을 때의 얘기고, 면접장에 들어가기 전과 후도 면접의 일부라는 것을 꼭 기억해야 한다. 인사담당자와 면접관의 시선 차이가 있을 수 있지만 대부분은 면접의 다양한 부분들을 체크한다. 우선, 도착 시간을 잘 지켰는지 살펴본다. 일찍 도착했는지, 도착해서 뭘 하고 있는지. 시간에 늦었다면 감점 혹은 바로 탈락이 될 수 있다.

면접 대기 중의 태도도 중요하다. 면접장 안과 밖에서의 태도가 확연히 다른 사람도 있기 때문이다. 안에서는 다른 지원자의 답변을 경청하는 태도였는데 나가서는 '쌩'하고 바쁘게 가는 사람도 있다. 그래서 어떤 회사는 면접 진행을 하는 사원들에게 지나가다 일부러 쓰레기를 떨어뜨리라는 미션을 주기도 한다. 또는 사보나 신문, 잡지 등의 읽을거리들을 놓기도 한다. 잡지를 읽는지, 읽은 후에는 어떻게 하는지 등을 보기도 한다.

면접장 밖에서의 이러한 모니터링은 지원자들의 솔직한 모습을 직접적으로 볼 수 있는 좋은 방법이다. 면접장에서만 멋진 모습을 보여주는 사람이 아니라 안과 밖에서 모두 좋은 인성을 보여줄 수 있어야 한다.

면접관들은 어떤 질문들을 할까. 직무 역량이 중요해졌다면 면접에서도 마찬가지 아닐까? 면접을 준비하는 면접관들도 교육을 받고 공부를 하고 연습을 한다. 특히 어떤 질문을 해야 좋은 인재를 뽑을 수 있을지 중점적으로 궁리한다. 그 방법의 핵심 키워드는 '경험'이다. 경험을 묻는 질문을 행동중심 질문이라고 한다. 경험과 행동에 중점을 두는 이유가 뭘까.

당신이 축구 국가대표팀 감독이 되었다고 상상해보자. 우선 다양한 선수가 지원했을 때, 선수의 신체 사항은 이력서 내용과 비슷하다. 그다음 선수의 능력을 확실하게 알아보는 방법은 공을 주고 드리블, 패스, 슛 등 행동을 시켜보는 것이다. 그래서 면접에선 실무적인 질문이 나오기도 한다.

"본인이 본사 영업사원으로 입사했다고 가정하고, 일본 또는 중국 바이어에게 지금 앉아 있는 의자를 판매해보세요."

그런데 짧은 시간 동안 그 자리에서의 행동으로 회사와 직무에 잘 맞는지 모두 확인할 수는 없는 노릇이다. 그래서 과거의 행동, 즉 경험으로라도 비춰보는 거라고 생각하면 쉽다. 대개 아래와 같은 질문들이 자주 나온다.

"지원자 OOO가(이) 살면서 가장 몰두했던 일은 무엇입니까? 가장 기억에 남았던 행복한 일이 있다면 무엇이었습니까? 몸과 마음이 너무 힘들었던 일이 있습니까, 그 일이 다시 일어난다면 어떻게 하시겠습니까?"

질문에 답변해보자. 사례 정리를 해둔 친구들은 사례가 하나 이상 생각나야 한다. 경험이라는 과거의 행동은 조작하기 힘들다. 인터넷에서 또는 책에서, 다양한 정보매체를 통해 자신의 일이 아닌 남의 것을 가져온 거짓 사례는 금방 탄로가 난다. 특히, '꼬리물기식'으로 자세하게 질문해보면 그 사례와 답변이 거짓임이 드러난다.

본인이 기본적인 질문에 답변을 하고, 스스로 꼬리에 꼬리를 물고 질문해보면 사례가 디테일하지 않거나 과장, 왜곡이 있음을 알아낼 수 있다. 무엇을 어떻게 왜 했는지에 대해 파고들었을 때 자신의 사례라면 자연스럽게 답변이 가능하다.

그래서 기본적인 질문들은 사전에 사례 정리와 함께 준비해두는 것이 좋다. 자주 나오는 질문을 모아둔 '긴급 질문 119' 파일과 사례 정리 파일을 필자의 블로그에 올려놓았으니 활용하도록 하자. (블로그 주소는 표지 프로필에 있다)

일반 면접은 보통 이력서와 자기소개서를 기준으로 시작한다. 그래서 성장과정, 장점과 단점, 학창시절 또는 경력사항, 지원 동기 및 포부 등이 주요 질문임을 이해하자. 또한 직무와 기업 분석도 면접의 기초가 된다. 분야별 업무 시스템에 대한 지식, 생산성 향상 및 이익 창출 아이디어, 기업 비전 및 최종 목표를 향한 직무 능력을 보기 때문이다.

기업에 대한 사전 지식으로는 회사 명칭, 연혁, 이념, 비전, 인재상, 로고의 의미, 뉴스 및 기사, 대표 제품 등이 있다. 중견기업 이상이라면 이 정도는 기본으로 준비하자.

그리고 자신의 답변과 그 이후에 나올 후속 질문까지도 생각해 보고 준비하는 것이 좋다. 후속 질문에서는 당연히 앞의 답변과 일관성 있는 모습을 보여줘야 한다. 앞과 뒤가 다른 답변은 거짓 이므로 좋은 답변으로 보기 힘들다. 실수하지 않도록하자!

마지막으로 질문을 해주었으면 하는 한 가지 질문만 기다리지 말자. 하나만 열심히 준비한다고 해서 반전이 생기진 않는다. 오 히려 과정에 충실하다 보면 언젠가 기회가 찾아오게 된다. 미끼를 100번은 던져보고, 작은 고기들도 낚는 노력을 하고 그에 합당한 기회를 얻자. 반전만 꾀하는 지원자가 아닌, 과정을 준비하는 지 원자가 되길 바란다.

첫인상 3초가
결과를 바꾼다

이력서 파트에서 메라비언 법칙에 대해 간략하게 설명했다. 이미지를 판단할 때 시각적인 부분이 55퍼센트, 청각적인 부분이 38퍼센트, 언어적인 부분이 7퍼센트를 차지한다는 법칙이다. 즉 인상의 93퍼센트는 비언어적인 요소의 영향을 받는다.

청각적인 부분 38퍼센트는 목소리 억양, 톤, 발음, 목소리에서 나오는 분위기 및 자신감 등으로 면접에서 주로 평가된다. 시각적인 부분 55퍼센트는 용모, 표정, 제스처 등으로 아주 사소한 움직임도 면접 체크리스트에 반영되곤 한다.

사람들은 호감 가는 사람을 좋아한다. 호감형은 시대와 개인마다 다를 수 있지만 끌린다 싶은 모습은 대개 비슷하다. 당신은 어떤 사람에게 호감을 느끼는가? 많이 듣는 답변은 '잘 웃는 사람', '밝아 보이는 사람'이다.

기업도 마찬가지이다. 기업에서 이목구비 뚜렷하다고 뽑지 않는다. 뽑는 경우도 있을 순 있지만 그 경우는 외모가 중요한 서비스 계통일 가능성이 크다. 그보다는 함께 일할 때 기분 좋은 사람, 개인의 매력을 통해서 팀과 조직에 에너지를 불어넣는 사람을 뽑고 싶어한다. 얼굴 보고 뽑는 것이 아니니 일부러 성형을 하진 말자. 그런데 면접 컨설팅을 해보면 아래와 같은 경우가 생각보다 많다.

컨설턴트　미소를 지어주면 좋겠어요.

취 준 생　원래 표정이 이런데요?

컨설턴트　그래도 밝게 웃는 모습을 보여주면 안 될까요?

취 준 생　왜 웃어야 하나요? 서비스직 뽑는 것도 아니잖아요?

웃지 않는 지원자들. 서비스직 면접이 아닌 것은 맞는데 그렇다고 인상만 쓰고 있는 사람을 어느 직무, 어느 회사에서 좋다고 뽑을까. 미소를 머금고 긍정적인 이미지를 보여주자. 밝은 모습을 싫어하는 면접관은 없다. 웃자. 면접관도 그걸 원한다. 실제로 면접장에서 사소한 실수를 했을 때 자책하는 모습보다 웃으며 순간의 실수를 해결하는 모습을 보일 때 좋은 인상을 남길 수 있다.

첫인상이 중요한 만큼 문을 열고 들어오는 순간, 미소를 머금고 걸어오는 순간, 의자 앞에 서서 인사를 하며 면접관을 바라보는 순간은 우리의 첫인상을 '좋은 인상을 가진 지원자'로 어필할 수 있는 최고의 기회다.

좋은 모습을 보여주려면 일단 밝은 미소가 필요하다. 그런데 어떻게 하면 밝게 미소 지을 수 있을까? 연습이 필요하다. 표정을 고치기 위해 이미지 메이킹 학원을 다니라는 것이 아니다. 평소에 첫인상을 스스로 고쳐 가면 된다. 평소에 거울을 보며 이렇게 저렇게 미소를 지어보자. 평소에 잘 웃지 않는 사람들은 거울을 보며 미소 연습을 할 때 입꼬리가 떨리게 된다. 그럼 자신이 얼마나 웃지 않고 살았는지 알게 된다. 어색하다면 미소를 유지하는 연습이 꼭 필요하다.

또한 나만의 미소를 찾아야 한다. 나만의 미소는 남들이 나를 훈남, 훈녀의 모습이라 인식할 수 있는 미소다. 스스로 가장 예쁜 순간의 미소, 그 순간을 찾고 유지할 수 있어야 한다. 그리고 거울을 보지 않은 상태에서 미소 지은 표정을 10초 이상 유지하고 거울을 다시 봤을 때도 잘 유지되어 있다면 기초 연습이 된 거다. 그 후 면접에 들어가기 전 거울을 한번 보라. 거울 속의 얼굴이 밝은 표정이 되어 있으면 합격이다.

또한, 면접 직전에 화장실에 가서 혹시라도 잘못 되어 있는 건 없는지 체크하자. 복장이 흐트러져 있지 않은지, 옷에 뭔가 묻어 있지는 않은지 등 자기 모습을 체크해 정리하는 시간을 만들도록 하자.

목소리 떨림과
시선 처리 해결법

면접 중에 지원자의 자신감 없는 모습은 태도, 표정뿐만 아니라 목소리 떨림에서도 두드러지게 나타난다. 긴장만 하면 떨리는 습관, 어떻게 고칠 수 있을까?

효과적인 방법은 자신이 지원하는 면접의 인원 구성에 맞는 스터디나 취업 교육에 참가하는 것이다. 1:1 면접은 혼자 연습해도 충분히 떨리는 목소리를 잡을 수 있다. 그런데 1:1 연습을 열심히 했다고 하더라도 다대다 또는 다대일 면접의 경우에 놓이면 긴장해서 떨리게 된다. 그러니 이왕이면 면접관이 여러 명이라고 생각하고 연습하거나 그런 상황을 만들 수 있는 스터디, 교육에 참가하는 것이 좋다.

목소리의 떨림과 같은 스피치 문제 외에도 경청하는 모습과 발언 중에 시선을 어디에 어떻게 두느냐도 중요한 요소가 된다. 말할 때 손가락을 까딱거리거나, 상대방이 말하는 동안 뭐라고 답변할지 고민하고 있다거나, 말하면서 시선을 자꾸 아래로 내리는 모습은 당연히 좋지 않다. 이런 모습을 본인이 직접 보지 못하면 고칠 생각도 못한다. 그래서 자신의 면접 연습을 영상으로 저장해두고 객관적으로 바라보는 것이 필요하다.

목소리가 너무 작거나 떨리진 않는지, 말이 빠르진 않은지, 톤이 너무 낮거나 높진 않은지 등 스피치 부분을 체크해보도록 하자. 또한 여러 사람과 함께 연습하는 경우 경청하는 모습과 복수의 면접관을 앞에 두고 시선 처리하는 모습을 체크하자.

스피치 얘기를 더 해보겠다. 첫 만남에서 누군가에게 호감을 느끼게 될 때 목소리는 중요한 요소다. 혹시 자신의 어색한 목소리 때문에 사람들이 반감을 갖는다면 적어도 면접에 임할 때만큼은 고칠 필요가 있다.

중저음의 목소리가 좋기는 하지만 무겁고 울리는 목소리라면 고쳐야 한다. 또는 비음이 섞인 경우도 대화를 오래 하다 보면 반감이 생기는 경우가 있다. 자신의 평소 성격과 목소리는 비례하는 경우가 많다. 특히 속도 면에서 말이다. 평소 성격이 급한데 어눌한 스피치를 하는 사람은 없다. 성격이 급한 편이라면 자기 말이 너무 빠르지 않은지도 체크하자.

자신의 목소리를 바로 알려면 녹음을 해봐야 한다. 사정이 있어 전화 통화를 녹음했을 때 의외의 목소리에 놀란 경우가 있을 것이다. 그 이유는 평소엔 자기 얼굴뼈들 사이의 공간들이 울림통으로 작용한 소리와 입 밖에서의 소리를 함께 듣게 되기 때문이라고 한다. 그래서 녹음, 녹화를 통해 본인의 실제 목소리를 정확히 파악할 필요가 있다. 중저음의 소리라 목소리가 울려 옆 사람이 자신의 말을 잘 이해하지 못한다면 복식 호흡을 통해 밖으로 소리 내는 방법과 비음을 살짝 섞어 톤을 올리는 방법을 연습해보자.

그리고 발음 자체가 정확해야 하는데, 아나운서들이 발음 연습하는 문장들을 따라 연습하면 도움이 된다. 아래 문장들을 연습해보고, 면접장에 도착해서도 연습하고 들어가길 바란다. 연습 전 입을 크게 '아' 하고 벌리고 혀를 앞으로, 뒤로, 왼쪽 어금니, 오른쪽 어금니로 쭉쭉 움직이며 입을 풀고 시작해보자.

1. 간장공장 공장장은 강 공장장이고 된장공장 공장장은 공 공장장이다.
2. 한영 양장점 옆 한양 양장점 한양 양장점 옆 한영 양장점
3. 저기 저 말뚝은 말 맬 말뚝인가 말 못 맬 말뚝인가
4. 저기 있는 저분은 박 법학박사이고, 여기 있는 이분은 백 법학박사이다
5. 신진 샹송 가수의 신춘 샹송쇼

이제 시선에 대한 부분을 이야기하겠다. 청각적 요소 편에서 시선이라는 외적인 부분을 왜 얘기하는지 궁금할 것이다. 바로 경청 때문이다. 다른 사람이 열심히 이야기하고 있을 때 또는 면접관이 전체 지원자들에게 공지나 설명을 할 때 경청하는 모습을 보여야 한다. 자신의 스피치만 잘했다고 합격되지 않는다.

조직에는 리더도 팔로워도 필요하다. 리더는 자신의 옳고 바른 판단을 지시하는 것도 있겠지만 팔로워 또는 동료의 조언도 경청하고 반영할 수 있어야 한다. 팔로워도 리더의 의견을 경청하고 존중하며 정확히 이해하고 잘못된 부분은 발언할 수도 있어야 한다. 그런데 조직에서 경청하지 못하는 사람은 정확한 임무 수행도 하지 못할 것이고 닫힌 리더십으로 인해 진정한 팔로워들을 잃게 된다.

이것이 면접장에서 다른 지원자의 발언을 잘 듣고 이해해야 하는 중요한 이유 중 하나다. 실제로 옆 지원자의 발언을 어떻게 생각하느냐고 물어보는 경우도 있기 때문이다. 딴짓을 하거나 자기 답변을 생각하고 있거나 멍 때리고 있다가는 이런 질문 때문에 탈락할 수도 있다. 스피치는 호감을 더해주는 부분이 크지만 경청하지 않는 모습은 면접 광탈의 이유가 된다.

컨설턴트　지원자는 말할 때 왜 다른 곳을 보고 있죠?

취 준 생　원래 상대방의 눈을 잘 못 쳐다봐요.

<u>컨설턴트</u> 제 눈도 못 보는데 어떻게 면접관의 눈을 볼 수 있을까요?

<u>취 준 생</u> 눈을 꼭 보고 이야기를 해야 하나요? 다른 곳을 보면 안 되나요?

면접 시 면접관의 눈을 똑바로 보고 이야기해야 할까? 일단 면접관의 눈은 피하지 말아야 한다. 누군가와 대화를 하는데 자꾸 핸드폰을 보면서 얘기한다면 기분이 어떨까.

눈을 쳐다보면 두렵기도 하고 혹시라도 실수하고 틀릴까 봐 눈을 못 보게 된다. 많은 연습이 필요하지만 연습해도 힘든 경우에는 상대방의 눈이 아닌 코나 인중을 보면 된다. 면접관과의 거리는 약 3미터 내외라서 3센티미터 정도 위아래로 시선을 내린다고 해도 딴 곳을 보고 있다고 느껴지지는 않는다.

면접 중 안 좋은 모습이 나오기도 하는데 첫 번째가 눈을 마주치지 못하고 아예 피해버리는 것이고, 두 번째가 이야기를 하다가 생각이 나지 않을 때 시선을 피하는 것이다. 그렇다고 면접관을 뚫어져라 쳐다보면서 면접관을 이기려는 듯한 모습은 건방지게 보일 수 있다. 무엇보다 나쁜 것은 면접관을 무시하듯 신경 쓰지 않는 모습이다.

째려보지 말고, 오버액션으로 뚫어져라 보지도 말자. 반감이 생길 수 있다. 면접관들과 눈싸움에서 이기라는 것이 아니다. 시선을 피하지 말고 자연스럽게 진심을 전달하자.

시선 처리에 있어서 면접관이 두 명이라면 어떻게 시선 처리를 해야 할까? 일단 기본적으로 질문한 면접관에게 시선을 줘야 한다. 예를 들어 다섯 문장의 답변이라면 질문한 면접관을 보며 세 문장을 얘기하고, 다른 분께 한 문장을 말하며 시선을 보낸다. 그리고 다시 질문자에게 마지막 한 문장의 시선을 시선을 보낸다. 처음과 끝 부분에서 질문한 면접관을 바라보자.

면접관이 세 명일 경우 가운데가 주요 인사담당자인 경우가 많다는 점을 기억하라. 그가 질문했다고 가정했을 때 가운데 면접관에게 첫 문장을 포함해 두 문장, 왼쪽 한 문장, 오른쪽 한 문장, 가운데로 다시 마지막 문장을 답변하며 시선 처리를 해보자.

시선을 몇 번 줘야 한다는 규칙이 있는 건 아니다. 다만 질문자에게 시선을 집중하되 나머지 면접관들에게도 시선을 나눠줘야 한다는 것을 기억하자.

"좋아하는 음식은?"의
숨은 의도를 아는가

면접에 들어가기 전 기출 면접 질문들을 미리 연습해두는 것이 좋다. 기업별로 자주 출제되는 질문이 인터넷에 정리되어 있으니 검색해서 준비해두자. 그런데, 답변을 어떻게 준비할 생각인가?

컨설턴트 지원자가 좋아하는 음식이 뭐죠?

취 준 생 안 가리고 잘 먹습니다.

컨설턴트 이 질문이 지원자가 진짜 좋아하는 음식을 물어보는 걸까요?

취 준 생 좋아하는 음식 물어보셨잖아요?

컨설턴트 그럼 아파트가 좋은가요, 주택이 좋은가요?

취 준 생 굳이 고르면 아파트가 좋아요.

면접에서 존경하는 인물, 감명 깊게 본 영화를 물어보곤 하는데 정말 그 답변이 궁금해서 질문한 걸까? 그 질문에 대한 답변 자체를 듣고 싶은 게 아니다. 경험과 철학적인 부분, 논리적 또는 창의적인 사고력과 답변 센스를 보고 싶은 거다.

예를 들어 어떤 음식을 먹고 싶은지에 대한 질문에 대한 아래와 같은 답변 세 가지를 비교해보자.

1. "저는 라면을 좋아합니다." 또는 "가리는 음식 없이 다 좋아합니다." 이런 대답은 성의도 없고 면접관도 답변에 관심도 없을 거다. 그 이후 자세한 질문은 나오지 않는다.

2. "저는 스트레스를 받으면 스트레스를 풀어야 합니다. 스트레스를 풀 때는 매운 음식을 먹으면 풀립니다. 그래서 매운 음식을 좋아하고 그중에서도 떡볶이를 좋아합니다." 이런 대답은 어떤 의도인지 파악된 것 같지만 결론이 늦게 나와 듣는 사람이 답답하다.

3. "저는 매운 떡볶이를 좋아합니다. [Point 요점] 매운 것을 먹으면 스트레스를 날릴 수 있기 때문입니다. [Reason 이유] 그래서 스트레스가 쌓인 날 매운 떡볶이를 땀 흘리며 먹다 보면 스트레스가 사라지고, 해야 하는 일도 잘 해결할 수 있습니다. [Example 사례] 이렇듯 회사 업무도 그날의 업무가 힘들고 어려워 스트레스가 쌓였다고 하더라도 그걸 끝까지 잘 해결해나갈 수 있는 인재가 되겠습니다. [Point 요점]"

왜 그 음식을 좋아하는가를 통해서 어떻게 긍정적인 모습과 역량들을 보여줄 수 있느냐가 질문한 면접관의 의도다. 3번처럼 PREP(요점-이유-사례-요점) 구조를 활용하면 구조를 갖춘 답변이 되고 면접관도 답변에 대한 이해가 빠르고 정확해진다. 그것이 좋은 답변이다. 질문의 의도를 파악하자. 그리고 구조적이고 전략적인 답변으로 역량을 보여주자.

위 예시와 같은 일반형 질문들은 대부분 쉽게 의도를 파악할 수 있다. 선택형 질문의 경우 그 선택지에 대한 지식과 함께 선택의 이유를 듣고 싶어 한다. 학과, 직무를 선택한 이유 등은 미래 계획과 인생 철학을 보는 걸 의도하고 있다. 색깔을 물어보는 경우 기업 로고를 알고 왔는지도 기본적인 의도 중 하나이며 그 색을 고른 이유와 본인과 어떻게 연결시키는지 궁금해한다.

이처럼 일반적인 질문들은 인사담당자의 입장에서 바라보면 쉽게 파악할 수 있다. 스스로 일반형 질문을 해보고 과연 어떤 답변을 할 때 좋은 답변이라 판단되는지 생각해보자.

최근 창의적 인재가 중요해짐에 따라 창의적인 답변을 요구하는 기업이 많다. 실제로 기업들은 상상을 현실로 만드는 전문 기술을 발전시키거나 불편한 점을 창의적인 방법으로 해결해 발전해왔다. 그렇기에 창의적인 질문이 최근 면접에서 자주 나오고 있다. 기업의 새로운 사업을 기획하고 준비, 발전시켜 기업의 이익을 창출할 수 있는 창의적 인재를 바라기 때문이다.

맨홀 뚜껑은 왜 다 동그란가? 이 답변은 이제 상식이 되었는데, 모르는 사람이 있다면 답을 알아보기 전 창의적인 나만의 답변을 만들어보자. 또 다른 창의성 질문을 아래 보여주겠다.

1. OOO Power, 본인이 직무를 수행함에 있어 갖고 싶은 파워는 무엇인가?
2. 당신은 해적선의 선장이다. 선원들이 당신이 노획한 금과 돈을 나눠주길 바라고 있다. 이때 당신의 분배 방식을 찬성하는 선원 수가 절반보다 적게 되면 당신은 그들의 분노로 죽임을 면할 수 없다. 노획한 금과 돈을 어떻게 나눠줄 것인가?

어려울 수도 있지만 창의적인 답변을 요구하는 것이니 그에 맞게 생각해보자. 면접관들은 어떠한 답변도 열린 마음으로 받아줄 의향이 있다. 다만 무작정 '아무 말 대잔치'가 돼서는 안 된다. 창의적인 답변을 할 때 주의할 점은 바로 답변이 논리적인지도 생각해봐야 한다는 것이다. 또한 도덕성이나 인간성과 같은 부분도 답변에서 보고자 하는 의도 중 하나임을 기억하자.

그런데 질문의 의도가 명확한 경우가 있고 아닌 경우가 있다. 정말 질문의 의도가 없을 수도 있다. 그럼 어떻게 해야 할까?

자신이 답변의 의도를 만들면 된다. "오늘 점심은 뭘 드실 건가요?"라는 질문이 있었다고 해보자. 어떻게 답변할 것인가? 무엇을 먹을 것이고 왜 그것을 골랐는지 말하면서 경험과 역량을 위주로 얘기할 수 있다. 또는 현재 계획하고 있는 바에 의한 답변으로 계획성, 준비성, 실행력을 얘기해볼 수 있다. 그리고 자신의 창의성을 부각시킬 의도로 답변을 할 수도 있다.

임원 면접에서는 "오늘 점심은 OO기업의 공기를 충분히 먹고 싶다. 선배님의 모습과 회사의 문화와 느낌을 직접 느끼고 싶다" 등으로 답변해 기업에 대한 충성도를 답변할 수도 있다.

임원 면접에서는 실질적인 직무 수행력보다 인성과 기업 충성도를 더욱 중요시하기 때문이다. 이처럼 같은 질문도 어떤 직무이고 실무자 면접인지 임원 면접인지에 따라서 의도가 변할 수 있으니 다방면으로 준비하자.

질문의 의도를 먼저 파악할 수 있도록 기출 빈도가 높은 질문들의 답변을 준비해보고, 자신만의 답변을 꼭 달아보자. 질문 의도는 상황에 따라 달라질 수 있다는 점을 고려하여 다방면으로 답변을 준비해보길 바란다.

영어 면접이
두려운 이들을 위한 직설

영어 면접만 별개로 컨설팅 받으려고 하는 지원자를 많이 봤다. 그런데 이것은 면접만 따로 준비하는 친구들과 다를 바 없다. 입사서류 작성도 진로와 자기 분석, 직무 및 기업 분석을 기초로 해야 한다. 그런데 영어 면접이 고민이라고 온 지원자, 가장 기초단계부터 다시 준비해야 하는 경우가 태반이다. 이 부분만 보려고 책을 펼쳤다면 취업 준비의 가장 처음 단계부터 다시 시작해야 한다.

일반적으로 대부분의 기업에선 영어로 자기소개를 시키거나 형식적인 질문만 하는 경우가 많다. 오히려 사전에 준비할 수 있기 때문에 지원자의 입장에서는 좋은 면접이 될 수도 있다. 만약 지원하고자 하는 직무가 외국인 바이어를 상대하고 외국과의 교류가 잦다면 아무래도 일반 면접이든 실무자 면접이든 PT 면접은 영어 또는 기타 외국어로 치뤄질 것이다. 외국계 회사를 지원하는 경우도 마찬가지다.

이런 직무와 기업에 지원하면서 외국어가 부족한 수준으로 지원한다는 것은 무의미하다고 생각한다. 다만 외국계 기업을 진심으로 가고 싶은 지원자들에게 한 가지 희망을 주자면, 외국계 기업이라고 해서 무조건 회사에서 외국어를 쓰지 않는다는 점이다. 외국계 기업 한국지사에선 일반 사무를 볼 때 직무상 필요한 단어, 일상 회화 정도만 쓰기도 하기 때문이다. 이 또한 어떤 직무에서 일하느냐에 따라 다르겠지만 말이다.

아무리 그래도 기초 회화는 할 수 있어야 하는 게 당연하다. 다섯 살 어린이 정도 수준으로 외국어를 읽고 쓰고 듣고 말할 수 있는 정도라면 기본적인 외국어 능력을 갖고 있다고 판단할 수 있다. 또는 최소한 외국 여행 중에 스스로 숙박, 교통, 구매, 기타 문제 해결을 외국어로 해본 경험이 있다면 외국어 면접을 볼 기초 능력이 있다고 할 수 있다.

컨설턴트 지원 회사에 영어 면접이 있는데 준비는 하고 있어요?

취 준 생 토익 토스 관련해서 과외를 받고 있습니다.

컨설턴트 영어 면접은 영어에 대한 실력만을 보는 게 아니에요.

<u>취 준 생</u> 그래도 영어 실력이 기초가 되어 있어야 할 것 같아서요. 다들 잘하니까요.

영어로 일을 하는 회사와 직무라면 영어가 막힘없는 수준인가를 판단하는 자리라고 생각해야 하지만 일반 영어 면접을 준비하는 과정이라면 주어진 상황에서의 회화 수준 정도를 판단하는 것이니 두려워할 필요가 없다. 즉 지원자의 완벽한 회화 및 번역 실력을 보고자 하는 것이 아니니 자신감을 갖길 바란다.

유비무환(有備無患). 평소에 준비를 철저히 해두면 후에 근심 걱정이 없음을 뜻하는 사자성어처럼 영어 면접도 준비만 하면 충분히 만족스럽게 해낼 수 있다.

일반적인 영어 면접을 준비하는 친구들이라면 필히 한국어 면접 준비부터 철저히 하자. 그리고 사전에 직무를 분석해보니 일정 외국어 수준이 필요하다면 평소에 준비를 해두자. 면접에서 자주 쓰이는 핵심 문장들이라도 정확히 반복 숙달하라. 질문에 단답형 대답이라도 해야 한다. 생각보다 그 수준이 낮아도 되는 경우가 많다.

결국 답변의 질은 개인 성품의 문제다. 외국어 면접에서도 지원자의 태도와 개인 성품, 직무 관련성, 개인 역량, 열정, 경험, 첫인상은 당연히 면접관의 체크리스트니까 말이다.

만약 자기소개를 영어로 한다면, 자신의 경험과 사례를 영어로 미리 준비해보자. 영어 면접에서 주의할 점이 뭐가 있을까. 역시 발음이다. R, L, G, J, Z, th, ed 등에서 발음 실수가 많다. 핸드폰 음성 인식 어플리케이션을 활용해서 자신의 발음을 체크해볼 수 있다. 'Apple'을 발음해보자. 음성 인식으로 '사과'라고 정확히 번역 되었는지 확인해보라. 이런 방식이면 조금이나마 즐겁게 발음 연습을 할 수 있다.

단어 선택에 있어서는 고교 단어 수준으로 실용적이며 직무에서 사용할 만한 전문용어를 써주자. 대단한 표현력을 바라는 것이 아니니 간결하고 직설적으로 핵심 메시지 전달에 집중하자.

자주 쓰이는 핵심 문장들은 익혀주는 것이 좋다. 그리고 First, Second, Third처럼 123구조(첫째, 둘째, 셋째)로 메시지를 전달하는 것이 좋다. 아무래도 쉬운 답변 구조와 함께 제스처를 사용하면 이목을 집중시킬 수 있다. 이것은 영어뿐만이 아닌 기타 외국어 면접에서도 동일하다.

이렇게 준비해도 여전히 자신감이 없고 영어 면접이 두려운 이유는 단 하나. 자신에게 필요한 일정 수준의 영어 실력이 부족한 까닭이다. 외국어 실력에 대한 자신감 부족은 전문성뿐만 아니라 절실함, 계획성, 준비성, 미래 설계, 지원 동기 자체가 부족한 것이라고 생각된다. 영어 면접이 두렵다면 희망 직무와 기업에 대한 분석부터 다시 해보는 것이 어떨까.

피티토론

잡스의 PT가 아닌
뽑히는 PT를 하라

<u>컨설턴트</u> 왜 그런 식으로 PT를 하는 거죠?

<u>취 준 생</u> 이게 스티브 잡스가 하는 방식이에요….

<u>컨설턴트</u> 스티브 잡스? 그래서 그 방식이 구체적으로 어떤 방식이죠?

<u>취 준 생</u> 핵심적인 키포인트를 잡아 자연스럽게 이어가는 방식이라고 생각합니다.

우선, 스티브 잡스의 PT는 스티브 잡스였기에 가능했다. 물론 스티브 잡스의 PT가 임팩트 있고 멋지다는 것은 누구나 안다. 하지만 왜 그러한지를 놓치고 그저 겉모습만 따라하는 것은 의미가 없다.

스티브 잡스처럼 PT를 하겠다고 한다면 3P(Purpose, People,

Place) 분석이 우선되어야 한다. 첫째, 'Purpose' 목적이 무엇이냐가 중요하다. 자신에게 주어진 PT 주제가 무엇인지 정확히 이해하고 관련 지식과 자신의 생각을 정리하자. 카테고리를 만들어 보면 좋다. 가장 먼저 3W(Why, What, Want)를 나눠보자. Why에는 현황 및 상황 분석을 하고, What에는 제안하는 바와 자신의 생각을 제시하고 구체화시킨다. Want에는 가치 및 동기를 부여하여 설득, 이해시킬 수 있는 내용을 정리한다.

둘째, 'People' 대상이 누구냐가 중요하다. 청중이 될 사람이 누구이고 그중 핵심인물 또는 의사결정권을 갖고 있는 사람이 누구인지 파악할 수 있으면 좋다. 아무래도 PT 면접을 진행하고 시작을 이끄는 주도적인 사람이 있을 것이다. 그가 의사결정권자일 가능성이 크다. 또한 남녀 성비, 연령 분포, 직급 및 직무, 관련 지식, 성향 분석 등이 필요하다. 예를 들어 면접관이 실무자인데 기초적인 전문용어를 장황하게 설명할 경우 지루하고 당황스러울 수밖에 없다. 대상을 제대로 알고 준비하자.

셋째, 'Place' 장소가 어디냐 역시 중요하다. 지원자에게는 당연히 면접장이다. 이 장소에 어떤 PT 관련 기자재가 있는지 미리 파악해볼 필요가 있다. 유·무선 마이크를 사용하는지, 지시봉이나 레이저 포인터, 스크린 위치, 화이트보드 등의 유무도 PT에서 중요한 부분이다.

PT 면접을 컨설팅하다 보면 상식이나 시사 정보가 부족한 경우가 상당히 많다. 취업 준비하면서 뉴스를 많이 보라. 특히 경제 파트가 주효하다. 그리고 인터넷으로 보는 경우가 많은데, 검색 순위대로 보지 말고 당일 또는 전날의 주요 키워드가 무엇이었는지 확인해보면 좋다. 네이버 데이터랩과 다음 미디어랩과 같은 곳에서 검색어 트렌드나 키워드를 빅데이터로 분석한 자료를 기준으로 기사들을 찾아보면 더욱 트렌드에 맞는 기사 검색을 할 수 있다.

취업준비생이 하는 PT는 멋진 강연자들의 PT를 따라하면 안 된다. 우선해야 할 것은 자신이 최선을 다해서 일 해보겠다는 열정을 보여주는 것이다.

회사는 프레젠테이션을 잘하는 사람을 뽑지 않는다. 직무에 따라 다르긴 하지만, PT 면접은 첫 번째로 주어진 주제에 대한 적극성과 열정을 본다. 두 번째로 직무나 전공에 대한 지식과 전문성이 있는지 점검하려는 것이다. 세 번째로 PT 능력이 좋으면 더 좋다. 특히 자신감 있는 목소리와 유연한 발표 태도는 하루 이틀 연습으로 나오긴 힘들다. 그만큼 준비된 정도에 따라 달라질 것이며, 그 준비 정도는 관련 지식 및 전문성에서 이미 나타난다.

하지만 무엇보다 PT 실력이 부족해도 적극적으로 임하는 모습, 전문성이 부족해도 열정적이고 자신감 넘치는 모습, 그것이 인사담당자가 신입사원에게 바라는 가장 중요한 모습이라는 것을 기억하자.

프레젠테이션 대회가 아니기 때문에 정확한 동작, 스피치 등을 연습해서 너무 프로다운 모습보다 적당하게 아마추어 같은 모습을 보이는 것도 나쁘지 않다. 하지만 대충 준비해서 PT를 자신감 없는 모습으로 하지 말자. 그런 모습은 특히 제스처에서 티가 난다. 너무 커도, 너무 작아도, 너무 잦아도 안 된다. 제스처는 임팩트를 주고 이목을 집중시키는 방법이다. 말할 때마다 아무 제스처나 취한다면 주위를 끌기는커녕 정신만 사나워진다.

첫째·둘째·셋째 등의 표현을 할 때, 처음과 끝에 시선을 집중시킬 때, 중요한 멘트를 할 때 제스처를 쓰도록 하자. 팔은 30센티미터 앞에서, 어깨보다 살짝 넓은 너비로, 자신의 광대보다 아래, 자신의 배꼽 위에서 제스처를 취하자. 내 앞에 정사각형 쿠션이 하나 있다고 생각하면 쉽다.

그리고 일반 면접과 마찬가지로 시선을 면접관들에게 줘야 한다. 시선을 피하는 것은 결국 자신감의 결여로 판단된다. PT 역시 메라비언의 법칙이 적용되는 부분임을 기억하자.

PT 면접은 기획 및 제안, 보고 등 업무에서 활용될 수 있는 요소이기도 하고 전문 지식과 함께 영업적인 면도 볼 수 있는 좋은 채용 방법이다. 이를 통해서 회사에 필요한 사람을 뽑고 싶은 것이기 때문에 PT의 구성도 굉장히 중요하다.

잠깐 언급했던 123 구성이 기본이다. 우선 3W로 상황(Why), 제안(What), 설득(Want)을 하고 제안의 내용을 123 세 가지로 구성해보라. 또는 현재 기업의 상황, 타 기업과의 비교, 이를 이겨낼 방안 세 가지로 123 구성을 잡아볼 수도 있다. 중요한 것은 PT의 주제를 이해해 자신의 PT 목적을 정확히 하는 것. 이를 토대로 한 서론 본론 결론의 큰 구성, 본론의 123구성은 어떤 PT 면접에서 든 가장 빠르게 좋은 내용을 선보일 수 있는 방법이 된다.

'토론 면접'의 경우엔 상대방을 이기는 토론 경쟁이 아니라는 점을 알아야 한다. 자신이 잘 알고 있는 것을 뽐내거나 잘난 척하며 상대편을 이기는 자리가 아니다. 상대방에 대한 경청과 배려가 우선시되어야 하고, 말하고자 하는 요점을 정확하게 짚어서 이야기하는 것이 좋다. 그리고 근거 자료를 토대로 이야기해야 한다.

예를 들어 '2015년 5월 〇〇〇연구소에서 발표된 자료를 보면'과 같이 실제 자료를 찾아 확실한 근거나 논리적인 사실을 통해서 상대방에게 어필하는 것이 좋다. 자료를 찾는 시간과 방법에 제한을 두었다면 사전 지식과 관련 내용에 대한 관심도를 보고자 하는 의도일 수 있다. 사전에 뉴스나 상식을 어느 정도 준비해두어야 한다.

취업을 준비하면서 자신이 속한 분야와 직무에 대한 전문적인 지식을 쌓아보자. 그리고 다양한 예상 질문에 빠르게 구성을 잡아보는 연습을 해보길 바란다.

자신감

귀하의 합격을
축하합니다

이제 마지막 챕터다. 취업을 준비하는 지원자들이 면접을 준비하면서 기본적으로 하는 방법이 가장 큰 실수가 되고 있다. 바로 면접 질문의 답변을 외우는 것이다. 그런데 이런 준비 방법은 채용 과정에서 사실 티가 난다. 준비된 답변은 잘 얘기하지만 예상치 못한 질문에는 당황하고 답변하지 못하기 때문이다. 아예 입도 뻥긋 못하는 경우도 많다. 그 순간 자신감은 순식간에 사라진다.

이 문제는 '내적 자신감'으로 해결할 수 있다. 내면의 자신감은 이런 것을 요소로 한다. 실력, 성격, 경험. 이런 요소들을 차곡차곡 쌓아올린 내적 자신감은 자동적으로 외적 자신감을 불러온다. 자신의 외모가 떨어진다고 할지라도 내면의 자신감이 있다면 외적으로도 자신감 있는 모습이 자연스럽게 나온다. 반대로 외적으로 자신감 있는 외모와 태도는 내적인 부분이 부족하면 쉽사리 무너질 수 있다. 실제로 채용 과정 전체에서 내적인 면이 중요하고 외적인 면은 선입견 정도에 불과하다.

교육과 피드백으로 본인의 취업 준비 정도는 크게 향상될 수 있지만 자신감만큼은 스스로 키워야 한다. 자신감 없이는 그 어떤 좋은 채용 기회도 얻을 수 없다. 상담 과정 중에 아래와 같은 대화를 할 때가 있다.

컨설턴트 자신의 단점이 뭐라고 생각해요?

취 준 생 자신감이 없어 보이는 거요.

컨설턴트 자신감이 없어 보이는 걸까요, 아니면 진짜 자신감이 없는 걸까요?

취 준 생 … (더 이상 말을 이어가지 못한다)

자신감이 없어 보인다는 것은 내적 자신감은 있는데 외적 자신감이 없다는 소리다. 그런데 과연 내적 자신감이 있을까? 대부분 외모에서 풍기는 모습이 그 사람의 삶, 성격을 대변할 때가 많다. 그래서 외모에 따른 선입견이 생기기 마련이다. 이 대화에서 지원자도 내적인 자신감이 실제론 부족했음을 바로 알 수 있다.

외적으로 자신감 있는 모습은 결국 '내적 자신감'으로부터 나오게 된다. 그래서 우린 취업을 준비하는 동안 자신의 실력을 키움과 동시에 자아 분석, 직무 및 기업 분석, 사례 정리 등을 통해 내면의 자신감을 키워야 한다. 이어 외적인 자신감을 보여줄 수 있도록 다양한 면접 종류와 답변에 대한 연습이 필요하다.

이렇게 자신감은 취업 전반에 있어 가장 좋은 무기임이 틀림없다. 그런데 때로는 가장 큰 실패를 불러오는 덫이 될 수도 있다. 자신감이 자만심이 되는 경우다. 어떤 모임에서든 사람과 사람이 처음 만나게 될 때 조용한 사람들보다는 적극적이고 활동적인 사람에게 더 관심이 간다. 그런데 외적인 모습에 자신감이 있다고 할지라도 근거 없이 나오는 자신감으로는 그 관심을 오래 지속하기 힘들다.

면접이라면 확실하게 역량을 보여줄 수 있는 사례를 갖고 그로부터 나오는 자신감이어야 한다. 즉, 내면의 자신감이 자리 잡고 있어야 한다. 그런 내면의 자신감을 갖고 면접에 도전하는 사람이 되길 바란다. 그 도전은 면접 연습이 될 것이고, 그 연습을 통해 외적 자신감까지 얻을 수 있다.

처음부터 지금까지 취업 마인드, 직무 및 기업 분석, 사례 정리, 이력서 작성, 자기소개서 작성에서 지원자들이 실수하고 있는 부분들을 꼬집고 그에 대한 피드백을 했다. 지원자들은 스스로 배우고 익히면서 내적 자신감을 찾는 계기가 되었을 것이라고 생각한다. 이제는 마지막 단계, 지속적인 연습이 남았다.

그런데 여기까지 읽고 1분 자기소개를 몇 번씩 반복해서 쓰고 지우다 멋지게 완성해서 외우는 당신.

컨설턴트 자기소개를 해보세요.

취 준 생 저는 행복을 전달하는 행복배달부입니다. 우체국에서.

컨설턴트 외워서 준비해둔 자기소개 말고 지금 새로 하나 만들어 해보시겠어요?

취 준 생 … (역시, 더 이상 말을 잇지 못한다)

그래, 절대 자기소개를 외우지 말자. 한 글자 한 글자 외워서 답하게 되면 면접을 자신 있게 보고 왔다 생각해도 인사담당자는 최악의 면접자로만 본다. 그럼 어떻게 해야 할까.

'어떤 역량을, 어떤 사례로, 기업에 영향력을 줄 수 있는지' 간단하게 키워드로만 정리하고 외우자. 이는 SDS구조로 Summary 요약(역량) – Detail 자세히(사례) – Summary 요약(기여)를 말한다. 기본적인 답변 구조를 활용해 답하면 스피치에서 외우는 느낌이 안 나는 좋은 모습을 보여줄 수 있다. 여기서 D부분은 사례로 STARF 및 STTARF 구조와 같다.

색이나 동물 등을 선택하거나 비유해야 할 땐 선택 답변 후 이유를 간단히 말할 수 있도록 하자(S). 그다음 자신의 사례로 연결시킨 후(D) 기업에 어떤 모습을 보여줄 것인지(S) 얘기할 수 있는 구조로 정리해보도록 하자.

예컨대 면접에서 "무슨 색을 좋아하세요?"라는 질문을 받는다면, '초록/새싹(S)-자신의 사례(아나운서, 인문계와 공대, TED)(D)-녹색성장(S)'이라고 정리한 키워드를 생각하면 된다. 이 키워드만 기억하면 유연하고 자연스럽게 답변이 가능해진다.

"저는 초록색을 좋아합니다. 초록색하면 가장 먼저 새싹이 떠오릅니다. 새싹은 물과 햇빛, 그리고 토지의 영양분을 어떻게 흡수하느냐에 따라 성장이 달라진다고 생각합니다.
저 역시 아나운서를 위해 공부했던 스피치 덕분에 이 꿈을 꾸게 되었고 TED와 같은 강연들을 직접 보고 듣고 함께 생각을 나눈 경험이 많은 동기부여가 되었습니다. 또한 인문계를 거쳐 공대를 다니며 폭넓은 지식을 쌓아 영양분을 흡수할 수 있었습니다.
새싹과 같은 제가 입사하게 된다면 믿음직한 외모와 다양한 분야의 지식으로 더 많은 사람들과 소통하여 우리 기업의 녹색성장을 이끌도록 하겠습니다."

면접 답변을 준비해 외우면 한 단어라도 틀렸을 때 크게 당황한다. 생각보다 많은 사람들이 긴장하고 실수를 한다. 하지만 그보다 더 많은 사람들은 연습에 연습을 반복해서 어떻게든 자신을 어필하려고 노력한다. 회사는 노력하는 사람을 좋아한다.
달달 외운 답변이 아닌 유연한 답변을 선호한다는 점을 기억하자.

답변을 준비해서 달달 외우기보다는 다양한 질문에 키워드 정리해 유연하고 구성 있는 답변을 할 수 있길 바란다.

면접에서 어떤 질문이 나올지 몰라 준비가 힘들다는 지원자가 있다. 하지만 다양한 상황과 다양한 질문에 구조와 키워드를 정리해보고 소리 내어 연습한다면 충분히 대처할 수 있다. 면접 질문에는 기본적인 패턴이 있다. 구성과 목적(의도)이 있다. 우린 그 목적에 맞는 답변과 증명을 해야 한다.

면접을 잘 보고 왔다는 것이 무엇인지 생각해보자. 면접을 잘 봤다는 것은 설득을 잘하고 외워둔 것들을 잘 발표하고 온 것일까? 면접을 잘 보고 왔다는 것은 면접관과 인사담당자에게 자신에 대한 좋은 이미지를 남기고 왔다는 것이다. 그들이 나를 긍정적이고 열정적이며 기업 인재상에 맞는 이미지를 가진 사람으로 기억할 거라는 느낌을 받을 때, 그것이 바로 좋은 면접을 보고 온 느낌이다.

필자가 하고 싶은 마지막 얘기는 이것이다. 결국 취업이란 것은 자신의 성장 발판이고, 그동안 최선을 다해 준비해온 사람이 큰 도약을 할 수 있는 과정이라는 점. 그러니 노력의 단계에 있는 준비생으로서 열정적인 모습을 보여주길 바란다.

'독설'이란 콘셉트로 시작한 만큼 이 책이 지원자들의 실수에 관해 정곡을 찔렀길, 그에 대한 대처와 예방을 할 수 있었길 바란다. 그만큼 지원자들의 꿈과 비전을 지켜주고 이끌어주고 싶은 사랑이 있었음을 알아줬으면 좋겠다. 이 책의 독설로 자신의 문제를 정확히 파악하고 자기 분석을 확실히 하는 계기가 되어 자신의 가치를 업그레이드하면 좋겠다. 원하는 결과가 반드시 따라올 것이다. 파이팅!

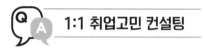

Q7. 면접에 들어가기 전 **알아야 할 팁이 있다면 소개해주세요.**

[꼭 가지고 가야 할 '면접 10계명']

1. **자기소개 2개 준비하기** – 자기소개를 시킨 후 외운 것 말고 다른 것으로 이야기하라는 경우가 있습니다. 그때는 당황하지 말고 다른 것을 이야기할 수 있도록 하세요.

2. **자기소개 30초, 1분, 그 이상으로 구분하기** – 면접관에 따라서 시간을 정해주고 자기소개를 시키는 경우가 있습니다. 그렇기 때문에 자기소개를 준비할 때는 한 가지 스토리를 30초, 1분, 1분 30초 정도로 전략적으로 준비해두시기 바랍니다.

3. **답변은 반드시 결론을 이야기하고 부연설명을 해야 합니다** – 존경하는 사람을 물어보면 "없습니다"라는 대답은 삼가고 "누구누구입니다"라고 확실하게 이야기한 후 "그 이유는"이라는 부연설명을 붙여서 답변을 이어갑니다.

4. **주변 사람의 이야기를 경청하되 지나치게 고개를 끄덕이면 안 됩니다** – 주변 사람의 이야기를 듣고 있다는 모습을 보이기 위해서 고개를 끄덕이라고 합니다. 다만, 지나치게 끄덕이거나 고개만 끄덕이고 그 내용을 숙지하지 못한다면 그냥 가만히 있는 것만 못하다는 것을 이야기 드립니

다. 먼저 본인이 면접을 잘 보고, 남의 이야기에 고개를 끄덕이되 계속 끄덕이는 것이 아니라 진짜로 공감 가는 내용이 있을 때만 그런 모습을 보이셔야 합니다.

5. 손동작은 간결하게 하세요 - 면접 시 이야기를 하면서 굉장히 손을 많이 쓰는 지원자들이 있습니다. 자신은 열정적인 모습을 보여주려고 한 것일 수 있지만, 면접관이 볼 때는 굉장히 어수선해 보입니다. 손을 쓰지 말라고 하는 것이 아니라 숫자를 표기하기 위한 간략한 손동작 또는 이야기를 강조하기 위해서 주먹을 불끈 쥐는 정도의 임팩트 있는 손동작이 필요합니다.

6. 다리를 옆으로보다는 편하게 놓으세요 - 치마를 입고 다리를 예쁘게 보이기 위해서 사선으로 놓는 경우가 많은데 그 상태로 오래 있는 것이 많이 힘들 것입니다. 서비스직군과 같이 외적 평가가 있는 직무가 아니라면 다리를 편하게 직각으로 놓고서 면접 시 올바른 자세로 오랫동안 버틸 수 있는 모습을 보여주시는 것이 좋습니다.

7. 의자를 반만 앉으세요 - 의자에 등을 기대면 안 되는 것은 기본입니다. 그렇지만 너무 의식하다 보면 몸이 앞으로 나오는데 그럼 굉장히 불안해 보입니다. 따라서 의자에 앉을 때는 의자의 좌우 끝을 손으로 잡고 정중앙에, 절반만 앉으세요. 가끔 그냥 앉다가 중앙이 아니라 한쪽으로 쏠리게 앉은 다음 어떻게 해야 하나 고민하는 지원자들이 많습니다. 의자를 손으로 잡고 절반만 앉은 후 등을 곱게 펴면 등받이에 등이 닿지 않고 편안하게 면접에 응할 수 있습니다. 그리고 의자에 앉을 때조차 면접관의

눈을 마주치세요. 꼭 뒤를 보고 의자에 앉을 필요 없잖아요. 앉을 때도 면접관을 똑바로 쳐다보고 바르게 앉으시면 큰 도움이 될 것입니다.

8. 자기소개 할 때 쓸데없이 일어나서 하지 마세요 – 면접을 보다 보면 꼭 자기소개를 일어나서 하는 분들이 계신데 본인 한 명이 일어남에 따라서 다른 사람들도 같이 일어나게 되는 경우가 많습니다. 면접관 시선에서는 바로 보는 것이 아니라 위로 쳐다보게 되지요. 그러니 무슨 특별한 행동(노래나 춤, 퍼포먼스 등)을 취하지 않을 것이라면 쓸데없이 일어나는 건 좋지 않습니다.

9. 말을 길게 끌지 마세요 – 답변을 할 때는 결론 위주로 이야기하되 길게 말하면 안 됩니다. 가끔 한 가지 질문에 여러 개의 답변을 하는 경우가 있습니다. 물어본 의도가 있을 것입니다. 그 물어본 의도에 맞게 짧게는 30초에서 길게는 1분 이내로 끊어서 얘기해야 합니다. 본인이 하고 싶은 이야기가 아닌 면접관이 듣고 싶은 이야기 위주로 해주셔야 합니다.

10. 목소리가 작다고 걱정하지 마세요. 단 자기소개 처음에는 강하게 해주세요
– 목소리가 작은 지원자들이 있습니다. 그래서 목소리를 크게 하려다가 힘들어하는 것을 많이 봅니다. 팁을 알려드리면 처음 자기소개 할 때 "안녕하세요. 지원자 OOO입니다"만이라도 크게 최선을 다해서 해주시기 바랍니다. 그 이후엔 목소리가 작다는 이야기를 할 필요도 없습니다. 그러니 처음에만 크고 강하게 10초 정도 하시고 나머지는 본인의 원래 목소리대로 편안하게 하시면 됩니다. 그리고 마지막 마무리 정도에 힘이 있다면 크게 질러주시면 도움이 될 것입니다.

Q8. 면접 자기소개를 잘 못했습니다. 충분히 준비했다고 생각했는데, 순간 너무 떨려서 내용을 잊어버렸습니다. 질의응답을 잘 하면 극복이 가능한가요?

- 면접 자기소개는 가장 중요한 항목이라고들 합니다. 저 역시 인정합니다. 왜냐하면, 첫인상이 가장 중요하고 내가 얼마나 열심히 준비했는지를 보여주는 자리이기 때문입니다. 그렇기 때문에 면접 자기소개를 정말로 열심히 준비하고 주어진 시간 안에 자신을 충분히 어필하셔야 합니다. 그러나 준비했던 자기소개를 제대로 하지도 못하고 너무 떨려서 말을 제대로 이어가지 못했다고 해서 절대로 실망하면 안 됩니다.

- 면접 자기소개가 중요하다고 하는 것은 준비하지 않은 사람과 준비한 사람을 비교하기 위한 것입니다. 자기소개를 아예 잘 준비해가지 않은 사람들도 많이 있습니다. 준비를 해갔으나 순간의 긴장으로 인해서 망친 사람과 분명히 차이가 나며, 인사담당자들은 워낙 면접을 많이 본 경험이 있기 때문에 분명히 그것을 알아보고 다시 한 번 기회를 주려고 합니다.

- 바르지 못한 태도나 실수하고도 인정하지 않는 태도보다는 실수한 것에 대해서 정중하게 예의를 표하고 그 다음부터 주어지는 질문에 논리적으로 명확하게 대답을 한다면 면접 자기소개를 망친 상황을 역전할 수 있는 기회가 올 수 있습니다. 그리고 "혹시 마지막으로 할 말 있는 사람 있어요?"라고 면접관이 묻는다면, 당당하게 자기소개를 다시 한 번 할 수 있는 기회라고 생각하고 하시면 됩니다.

하지만 자기소개를 망쳐 계속 주눅이 들어 있다면 분명히 기회는 다시 오지 않을 것입니다. 물론, 자기소개를 실수해놓고 너무 당당하게 면접을 본다면 그것은 당당하기보다는 뻔뻔한 것으로 느낄 수 있기 때문에 면접장의 분위기를 잘 살피고 행동하시는 것이 좋습니다.

- 다시 정리를 하면, 면접 자기소개는 가장 중요하면서도 사람을 뽑는 절대적인 판단 기준은 아니며, 준비하지 않아서 잘 못하는 성의 없는 행동만 아니라면 그 이후 적극적인 면접을 통해서 반드시 만회하시기 바랍니다.

Q9. 2차 면접에서 계속 떨어져요. 면접 분위기가 좋아서 기대했는데 불합격이라 마음이 너무 아프네요. 서류는 통과하는데 면접에서 연거푸 떨어졌을 때는 어떤 문제가 있는 걸까요? 그리고 실무진 면접과 임원진 면접은 준비에 어떤 차이가 있나요?

- 면접장 분위기를 좋게 만드는 친절한 면접관이 좋은 면접관인가, 압박하고 분위기를 무섭게 만드는 면접관이 좋은 면접관인가. 교육을 할 때 이 질문을 던지곤 합니다. 의견은 조금 다르지만, 친절한 면접관에게 더 호감이 느껴진다는 이야기는 많이 있습니다.

하지만 제 생각에는 '뽑아주는 면접관'이 좋은 면접관이 아닐까 생각합니다. 아무리 친한 척하고 분위기가 좋은 상태였다고 하더라도 떨어지는 사람에게는 좋은 추억이 될 수 없기 때문입니다. 그래서 절대로 면접 분위기가 좋았다는 사실에 기대하지 말았으면 합니다.

• 서류 통과를 했지만 면접에서 자꾸 떨어지는 것 중 가장 많은 경우는 '잘 만들어지지 않은 1분 자기소개'를 가지고 들어갈 때입니다. 사람을 볼 때 그 사람이 '좋은 사람일 것 같다. 별로인 사람인 것 같다'는 생각을 가지게 되는 데 그렇게 많은 시간이 할애되지 않습니다. 면접을 지도하는 컨설턴트 입장에서 꿀팁을 드린다면, 기억에 남는 (좋은 인상의) 면접생이 되어야 합니다.

면접에 많이 떨어진 지원자들을 모아서 교육을 해보면 스펙이나 서류 내용은 좋은데 면접 1분 자기소개가 너무 부족한 경우가 많았습니다. 면접 자기소개에서 기억에 남을 만한 이야기를 해야 하는데 자신이 잘한 것에 대해서 늘어놓은 경우가 많습니다.

또는 자기소개에 지원동기를 이야기하는 경우도 많이 있습니다. 자기소개는 자신을 어필하는 시간이지 왜 회사에 들어오고 싶은지, 이 일을 하고 싶은지를 이야기하는 시간이 아닙니다. 그러기엔 턱없이 부족한 시간이라는 것을 강조하고 싶습니다. 그 시간에 최대한 자신을 어필하고 결론을 첫머리에 두고 자신 있게 이야기하시기 바랍니다.(200페이지 참조)

• 면접은 자신감도 중요하고, 논리적인 사고를 보여주는 것이 정말로 중요합니다. 실무진 면접에서는 특히 그렇습니다. 실무진 면접은 지원자가 가지고 있는 인성과 실력을 가늠하기 위한 질문을 많이 합니다.

면접은 자기 지식을 자랑하기보다는 함께 일할 때 신입 또는 경력사원으로서 역할을 제대로 할 수 있다는 점을 명확하게 밝히고 어필하시는 것이 중요합니다. 신입이라고 하면 더더욱 지식보다는 앞으로 일을 배워서 잘할 수 있는 역량을 가지고 있다는 점을 최대한 어필하여주시기 바랍니다.

임원 면접의 경우에는 지원자의 역량도 역량이지만 본인의 맘에 드는 사람을 선택하는 경우가 많습니다. 다 실무자들이 검증해서 올라온 지원자들이라고 생각하기 때문입니다. 그때 가장 중요한 것은 올바른 태도와 명확한 답변 등 자신감 있는 모습, 오랫동안 회사에서 일할 수 있다는 모습을 보여주는 것입니다.

• 따로 기업에서 요구하지 않더라도 임원면접, 최종면접에 자신만의 어필 자료를 준비해가야 하느냐고 묻는 지원자들이 있습니다. 많은 강의나 컨설팅에서 그런 조언을 해주는 편입니다. 예를 들어 증권사나 은행처럼 지점이 많은 곳이라면 지점장님들의 명함을 모두 받아서 가지고 와 쭈욱 보여주면서 열정적인 모습을 보여준다거나 나름의 분석자료를 가지고 들어가서 자신을 어필하는 것이 좋았습니다. 지금도 열정을 보일 수 있는 것이라면 하면 좋습니다.

다만 문제는, 잘못된 준비는 안 하느니만 못하다는 것이지요. 인터넷이나 주변의 이야기를 듣고 실천을 해서 20개 지점을 다닌 것이면 모르겠는데, 보여주기식으로 집 주변 몇 군데 다녀와서 자신만의 뭔가를 준비한 것처럼 하는 모습은 별로 좋아하지 않습니다. 또한, 최근의 금융권에선 찾아오는 지원자들이 많아 굉장히 귀찮아한다고 하더라고요. 그냥 찾아가는 것이 아니라 어떤 준비를 해서 그들에게 귀찮은 모습이 아닌 준비된 지원자로서의 모습을 보여주는 것이 좋습니다.

- 저의 개인적인 의견으로는 두 가지는 절대로 해선 안 된다고 생각합니다. 첫째, 면접에 보여주기 위한 수단으로서의 지점이나 점포 방문. 둘째, 기업의 약점이나 보완점을 강조하는 자료를 만들어서 가는 행위. (그 약점이나 보완점은 해당 기업에서 더 잘 알고 있기 때문에 그 점을 건드리면 안 되는 것입니다) 보완점보다는 강점을 살릴 수 있는 창의적인 방향성을 가지고 간다면 좋겠죠?^^

  정답은 없습니다만, 튀기 위한 행동은 하지 마시고, 진짜로 열정을 가지고 꼭 지점과 점포에 가서 알고 싶은 것이 있을 때 방문하는 편이 나을 듯합니다. 분석이나 약점을 잡는 것이 아닌 진심으로 배우고 싶은 마음을 갖추고, 면접 자체를 위한 준비가 아닌 그 직종과 기업에 대해 공부하기 위한 방문이 되어야 한다는 것이지요.

- 임원면접과 최종면접에 준비해야 하는 자료는 '자기 자신'이라고 답변을 드려야 할 것 같습니다. 그냥 자신이 아닌 준비된 지원자로서의 역량을 보여줘야 한다는 것이지요. 진심으로 이 회사에 들어오고 싶었다, 면접만을 위해서가 아닌 진심으로 이 회사가 너무 좋아서 나는 이런 행동까지 했다는 증명을 할 수 있는 자료를 준비하시는 게 좋습니다.

Q10. 지원한 회사가 우리 회사 말고 **또** 있느냐? 하는 질문을 받았습니다. 반드시 이 회사가 아니면 안 된다는 마음으로 지원 동기를 쓰고 면접 때도 그렇게 어필해야 한다고 들었는데, 다른 회사에도 지원했냐는 질문을 받게 되면 어떻게 하죠?

- 한 회사만 준비하고 그 회사가 아니면 절대로 안 된다는 마음으로 딱

한 곳만 지원했다면 상관없지만, 지금 시대에 한 회사만 보고 지원하는 일은 거의 없다고 보아야 합니다. 여러 군데 지원을 하고 다른 곳엔 지원 안 했다고 하면, 거짓말이 됩니다. 기업에서는 거짓말을 하는 것을 좋아하지 않습니다.

솔직히 인사담당자들은 서로 네트워크가 연결되어 있기 때문에 마음 먹으면 거짓말인지 아닌지 알 수 있지요. 물론 그렇게까지 하지 않겠지만, 한 지원자가 본인은 이 회사밖에 지원을 안 했다고 어필을 하고, 그것이 진실이라고 강하게 주장한다면 맘먹고 알아볼 수도 있습니다. 예를 들어서 경쟁사 정도? 그렇기 때문에 해당 회사만 지원했다는 어필보다는 직군으로 묶어서 이야기를 하는 게 맞습니다. 이쪽 일을 너무 하고 싶어서 해당 직군 또는 직무만 지원을 했다. 어느 회사가 되든 다니기야 하겠지만 다른 곳이 아닌 이 회사에 합격을 분명히 하고 싶다는 의지가 분명하게 보여야 한다는 것이지요.

• 어느 회사에 지원했는지 모두 말할 필요는 없지만 이야기하게 된다면 본인이 하고 싶은 직무가 명확히 드러날 수 있는 답변을 하셔야 합니다. 직무별로 그 업무에 관련해 많이 선호되고 유명한 회사가 있을 것입니다. 그런 회사를 기준으로 이야기하는 것이 좋으며, 본인이 실제로 지원했던 사례를 드는 것이 좋습니다.

만약에 두 회사를 동시에 붙는다면 어디로 갈 것인가에 대한 질문이 들어온다면, 정말로 이 회사에 올 사람인지를 보기보다는 순간적으로 결정하기 곤란한 질문을 통해서 순발력 및 위기대처능력을 보려고 하는 것도 있으니 따로 정답은 없어도 최선의 대답을 할 수 있도록 노력하셔야 합니다.

또한, 다른 곳에서 떨어졌다고 해도 떨어진 것이 부정적이라고 할 수는 없습니다. 왜냐하면 사람들마다 보는 시각이 다르고 원하는 인재상이 다르기 때문입니다. 그러니 다른 걱정은 마시고 해당 직군에서 해당 직무를 하고 싶다는 강한 의지를 내비칠 수 있도록 해주세요.

지원한 회사를 이야기를 할 때 직군과 직무를 잘 구분해서, 그 일에 맞춤형 인재이며 반드시 그 일을 하고 싶다는 어필을 하시는 것이 맞습니다. 최선을 다하는 모습을 통해서 어떤 일이 주어진다 하더라도 열정을 다해 성과를 만들어낼 수 있는 사람이라는 점을 강조하는 면접자리이길 바랍니다.

부록

나를 복습하라! 사례정리집 [예시]

학년	I	월	8	언제	5일~9일	어디서	충북 단양
무엇을	대학교 농촌 봉사활동		사례				<귀신의 집> 기획

상황(S)과 문제 및 임무(T)

자세하게

(S) 3일째 낮 돼지우리 청소 중

(T) 봉사활동 단장 누나가 고민중이었고, 해결해주고자 폐가에서 '귀신의 집'을 해보자고 제안함.

행동(A)과 결과(R)

더 자세하게

(A) 폐가 사용 가능 여부에 대하여 읍면리 사무소에 담당자의 허락을 받고자 통화 및 방문, 숙소에서 해당 위치까지 거리를 약식 측정, 공포 포인트 체크 및 연습, 해당 포인트별 임무 수행 적합한 인원 구성, 각 인원에게 임무 전달 및 예행 연습, 게임 참가 인원 남녀로 구성, 진행 사진을 찍으며 전체 진행상황 파악 및 문제 해결.

(R) 그 결과 "다른 농촌 봉사활동에선 절대 못해볼 경험이었다", "잊을 수 없는 공포와 재밌는 추억으로 남을 것 같다"는 이야기를 들음.

키워드	역량
제안, 기획, 폐가, 공포, 협의, 허가, 포인트, 인원 구성, 진행, 추억, 기획 구성	기획력, 문제해결, 인사, 교육, 진행, 리더십, 적극성, 창의성, 아이디어

나를 복습하라! 사례정리집 [연습해보세요!]

학년		월		언제		어디서	
무엇을				사례			

상황(S)과 문제 및 임무(T)
자세하게

행동(A)과 결과(R)
더 자세하게

키워드	역량

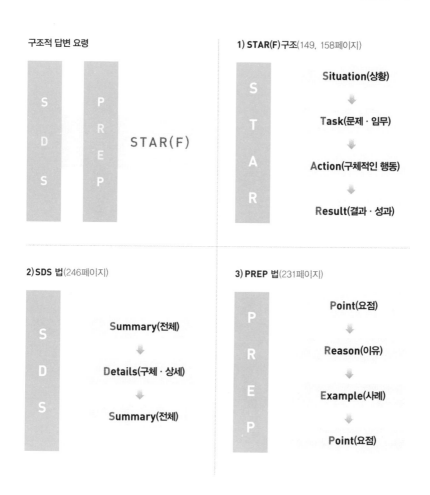

구조적 답변 요령

1) STAR(F)구조(149, 158페이지)

STAR

Situation(상황)
⬇
Task(문제 · 임무)
⬇
Action(구체적인 행동)
⬇
Result(결과 · 성과)

STAR(F)

2) SDS 법(246페이지)

SDS

Summary(전체)
⬇
Details(구체 · 상세)
⬇
Summary(전체)

3) PREP 법(231페이지)

PREP

Point(요점)
⬇
Reason(이유)
⬇
Example(사례)
⬇
Point(요점)

합격할 수밖에 없는
취업 독설특강
아무도 말해주지 않는 취업비밀 48가지

초판 1쇄 인쇄일 2018년 01월 08일
초판 1쇄 발행일 2018년 01월 15일

지은이 최원준, 구호석
발행인 이승용
주간 이미숙
편집기획부 송혜선 허유진　　**디자인팀** 황아영 한혜주
마케팅부 송영우 박치은　　**경영지원팀** 이지현 김지희

발행처 |주|홍익출판사
출판등록번호 제1-568호
출판등록 1987년 12월 1일
주소 [04043]서울 마포구 양화로 78-20(서교동 395-163)
대표전화 02-323-0421　　**팩스** 02-337-0569
메일 editor@hongikbooks.com
홈페이지 www.hongikbooks.com

ISBN 978-89-7065-618-2 (03190)

이 도서의 국립중앙도서관 출판예정도서목록(CIP)은
서지정보유통지원시스템 홈페이지(http://seoji.nl.go.kr)와
국가자료공동목록시스템(http://www.nl.go.kr/kolisnet)에서 이용하실 수 있습니다.
(CIP제어번호: CIP2017035872)